Jean-Claude

L'Art des
CHATBOTS

Concevoir et développer une
intelligence artificielle
conversationnelle

© Science-eBook, Juin 2018
http://www.science-ebook.com
ISBN 978-2-37743-018-5

Table

« Un ordinateur fera ce que vous lui dites de faire,
mais cela peut être très différent de ce que vous aviez en tête. »

Joseph Weizenbaum (1923-2008)

Introduction

Les chatbots représentent l'une des applications parmi les plus communes de l'intelligence artificielle (IA). On les appelle également « agents conversationnels », « assistants intelligents », « chatterbots » ou tout simplement « bots », même si ces différentes appellations peuvent recouvrir des réalités souvent différentes.

Plus qu'une mode, les chatbots sont là pour durer. Certains se demandent même s'ils ne vont pas à terme totalement remplacer les applications sur les appareils mobiles. Leurs principaux avantages résident dans la capacité à répondre en langage naturel aux questions des utilisateurs et cela en temps réel, de représenter une interface unique et centralisée sans avoir besoin de télécharger des applications spécifiques. L'engouement est tel qu'aucun secteur de l'économie ne semble pouvoir leur échapper. Cette généralisation des chatbots est portée par deux phénomènes. Le premier provient du nombre croissant d'utilisateurs des messageries instantanées liées aux réseaux sociaux. En 2017, elles comptaient près de 3 milliards d'utilisateurs actifs au quotidien, qui y passaient en moyenne 50 minutes par jour.

Le second phénomène est la prise de conscience de l'importance de la « relation client » (*Customer Relationship Management*) pour toutes les entreprises, quels que soient leurs domaines d'activités. Du marketing à la vente, pour la communication interne ou externe, les chatbots représentent en effet des outils efficaces, accessibles 24 h sur 24 et 7 jours sur 7. Autrefois cantonnés à de simples FAQ interactives (*Frequently Asked Questions*) dans la rubrique d'aide des sites Internet, limitant ainsi les accès aux centres d'appels, leurs applications sont aujourd'hui beaucoup plus larges. Selon une étude réalisée en 2017 (Mindbowser 2017), les secteurs qui bénéficient majoritairement des chatbots sont : le e-commerce, l'assurance, la santé, la vente au détail (retail), l'hôtellerie, la logistique et le recrutement. Les trois fonctions qui sont les plus impactées sont : la relation client, le marketing et la gestion des commandes.

Du point de vue des marques, les chatbots représentent par conséquent de nouveaux canaux de vente et de contact avec leurs clients présents sur les réseaux sociaux. Ils permettent d'interagir en utilisant les messageries instantanées ou bien au travers d'interfaces conçues spécialement pour porter l'image de la marque. Elles peuvent alors engager une relation privilégiée et directe, tout en collectant des données précieuses.

L'histoire des chatbots est intimement liée à celle de l'IA. Aussi, lorsque l'on me demande «les chatbots est-ce vraiment de l'IA?», ma réponse est toujours positive. Marvin Minsky, l'un des «pères» fondateurs de l'IA, l'a défini comme «faire faire par des machines des tâches qui exigeraient de l'intelligence si elles étaient faites par des hommes». Dans une majorité d'applications, l'objectif d'un chatbot est de donner l'accès à un service au travers d'un dialogue en langage naturel. La motivation est celle d'une interface homme-machine qui soit accessible à tous par l'utilisation du langage, écrit ou parlé. De ce point de vue, les chatbots font indéniablement partie intégrante des applications de l'IA.

Des technologies les plus basiques aux plus sophistiquées, l'offre en termes d'outils de développement est devenue considérable. Certaines plateformes proposent en effet de créer un chatbot sans avoir besoin de programmer une seule ligne de code. D'autres bénéficient des dernières avancées en traitement du langage naturel grâce à l'apprentissage profond ou *Deep Learning* (Heudin 2016).

Les chatbots représentent dans les faits un bon indicateur des réelles potentialités de l'IA. Alors qu'on lui attribue souvent des capacités extraordinaires, il est toujours beaucoup plus difficile d'obtenir des résultats convaincants. Ceci ne remet évidemment pas en cause les avancées spectaculaires qui ont été largement relayées par les médias, comme *Watson* ou *AlphaGo*, mais ces projets sont toujours le résultat de développements importants faisant intervenir des équipes nombreuses et pluridisciplinaires.

Le développement d'un chatbot n'échappe pas à cette règle. Souvent annoncé comme une solution miraculeuse à tous les problèmes de relation entre une marque et ses publics, beaucoup de chatbots ont pour l'instant un bilan qui reste mitigé. Même avec la « meilleure » des technologies, un chatbot nécessite des moyens humains et des investissements non négligeables lorsque l'on souhaite des résultats significatifs. Beaucoup ont cru en effet naïvement que la condition nécessaire et suffisante pour réussir le développement d'un chatbot était de choisir la technologie la plus sophistiquée. C'est faux : la technologie est certes importante, mais elle ne représente que l'outil, le support technologique de l'application. La véritable difficulté est ailleurs.

Le développement de nombreux prototypes de chatbots m'a convaincu que la partie créative de ces projets était en fait la plus importante. Pour simplifier, je dirais que 80 % de la réussite d'un chatbot est due au processus créatif et seulement 20 % à la technologie utilisée. Un chatbot est un personnage qui « raconte une histoire » au travers des dialogues, de sa personnalité, de sa représentation visuelle. Le personnage doit incarner la marque et porter ses valeurs. On doit se souvenir de lui. C'est une créature artificielle à part entière (Heudin 2008).

Le titre de ce livre, « L'Art des chatbots », reflète parfaitement cette idée. L'ouvrage comprend trois grandes parties qui couvrent l'ensemble des aspects théoriques et pratiques nécessaires à la compréhension approfondie des chatbots.

La première partie résume la longue histoire des chatbots

en montrant ses origines profondes, puis son évolution depuis la première expérimentation effectuée au MIT dans les années 1960. Elle se focalise ensuite sur cinq projets remarquables : *Eliza*, *Alice*, *Ms Dewey*, *Watson* et *Siri*. Elle conclut sur une chronologie des chatbots et des événements qui ont marqué cette évolution.

La seconde partie se concentre sur le « processus créatif » indispensable à tout projet de chatbot. Elle aborde les principaux aspects concernant la création du personnage que doit incarner un chatbot, en particulier sa personnalité, la scénarisation de l'interaction, l'écriture des dialogues, le pacte fictionnel entre l'utilisateur et le chatbot. Elle insiste sur l'importance de créer un personnage « inoubliable » qui va rester dans la mémoire des utilisateurs grâce à une personnalité profonde et multidimensionnée. Elle conclut sur une liste de dix principes simples à respecter.

La troisième partie aborde les aspects technologiques et de codage des chatbots. Elle commence par expliquer les différentes formes de technologies existantes. Elle décrit ensuite trois exemples simples de chatbots à développer en pratique. Le premier utilise une plateforme accessible en ligne permettant la création d'un chatbot sur un réseau social sans la nécessité de savoir programmer. Le second est une implémentation du célèbre programme *Eliza* en *JavaScript*. Le troisième est HAL 9000, un chatbot mettant en œuvre les principes décrits dans la seconde partie, également codé en *JavaScript*.

Ce livre est écrit comme un manuel pratique. Son ambition est de partager mon expérience dans le domaine du développement des chatbots avec le lecteur. Il ne cherche donc pas à établir un état de l'art exhaustif des outils technologiques et de la recherche sur les agents conversationnels. Cet ouvrage se concentre sur ce que je pense être essentiel à la réussite d'un projet. Il s'adresse donc aux étudiants, aux chercheurs et ingénieurs, mais surtout à toutes les personnes non spécialistes de l'IA qui souhaitent y voir plus clair avant de démarrer un projet de chatbot.

Loin d'un long discours théorique incompréhensible à une majorité de lecteurs, il propose des explications simples, abordables par le plus grand nombre, dans un style direct avec une mise en pratique au travers d'exemples. Pour commencer à créer son propre chatbot, nul besoin ici d'un master en informatique. Le langage qui sert de support aux exemples est *JavaScript*, un langage simple et répandu avec de très nombreux tutoriaux en ligne, mais aussi très puissant et qui permet de pratiquer sans la nécessité d'autres ressources qu'un simple navigateur Web et un éditeur de textes. Que ceux qui ne souhaitent pas développer ou qui ne coderont pas eux-mêmes se rassurent. Les exemples pratiques de chatbots sont accessibles en ligne, déjà codés et fonctionnels.

Alors, il ne reste plus qu'à commencer !

Références

Mindbowser, 2017. *Chatbot Survey 2017*, http://mindbowser.com/chatbot-market-survey-2017

Heudin, J.-C., 2008. *Les créatures artificielles*, Paris : Odile Jacob.

Heudin, J.-C., 2016. *Comprendre le Deep Learning – Une introduction aux réseaux de neurones*, Paris : Science eBook.

Première partie :
Origine et histoire des chatbots

1
Les origines

Les shamans

L'origine la plus lointaine dans l'histoire des chatbots est liée aux shamans, cette figure universelle des sociétés archaïques. En effet, le chatbot peut être vu comme une sorte de « shaman virtuel », une créature artificielle à laquelle on vient demander un conseil ou un service.

On trouve les traces de l'existence des shamans dans tous les groupes humains au cours des dernières quatre mille années écoulées et probablement avant. En particulier, il est un personnage important des peuples d'Afrique, d'Asie centrale et du Nord, d'Extrême-Orient, de l'Océanie et des deux Amériques. Il recouvre l'image répandue du sorcier dans les tribus primitives, mais il est bien plus que cela.

Le terme provient du toungouse de Sibérie, *evenki saman*. Il apparaîtrait pour la première fois en 1672 dans l'autobiographie d'Avvakoum Petrovitch, dirigeant du clergé conservateur russe, exilé en Sibérie en 1661 (Petrovitch 1938).

Le shaman est capable d'entrer en communication avec le monde surnaturel, celui de la nature et celui des morts. Ce pouvoir magico-religieux qu'aucun autre membre de la tribu ne possède en dehors de lui en fait un être à la fois estimé et craint. De ce fait, il vit souvent à l'écart et pratique dans le secret. Il arbore des parures et parfois des masques, fixes ou articulés. On retrouve chez tous les shamans des caractéristiques récurrentes (Winkelman 2010) :

(1) Il est un leader charismatique de la tribu ; s'il n'en est pas directement le chef, il représente un contre-pouvoir puissant dont il faut tenir compte et avoir l'approbation pour toutes les grandes décisions.

(2) Il est caractérisé par une crise initiatique centrée sur une expérience de mort et de renaissance.

(3) Il a recours à la transe, un état altéré de conscience qui lui permet d'accéder au monde surnaturel et de vivre des expériences visionnaires de divination, de diagnostic et de prophétie.

(4) Il est tout autant capable de faire le bien que le mal ; il est ainsi capable de guérir et de restaurer les âmes perdues, ou bien au contraire d'effectuer des actes maléfiques ou de sorcellerie, et de tuer.

Dans certaines tribus, le shaman-guérisseur assoit sa légitimité sur une connaissance approfondie des plantes et de leurs vertus médicinales. Pour déclencher ses transes, il a recours à des substances hallucinogènes, plantes ou champignons (Eliade 1968). Ses rêveries lui donnent alors accès à la connaissance, qu'il emploie ensuite pour comprendre la nature des troubles ou des maladies et prescrire les traitements appropriés.

Pour le shaman, le monde surnaturel est aussi celui de la nature. Sa perception du monde est holistique et animiste, proche à certains égards de Gaïa, la déesse primordiale des Grecs, Terra-Mater chez les Romains, et bien plus tard des théories Gaïa dont la plus connue est celle de l'écologiste anglais James Lovelock (Lovelock 1999).

Fig. 1. Un exemple de masque antique de shaman, en bois sculpté, originaire du Népal.

Tout comme son ancêtre shamnique, le chatbot a un accès direct au monde « surnaturel » d'Internet et prodigue ses conseils aux membres des « tribus sociales ». Il représente de ce fait un intermédiaire entre les services et les utilisateurs. Selon les cas, c'est un être éthéré qui n'a aucune représentation corporelle, une sorte de fantôme dans la matrice. Dans d'autres applications, il est caractérisé par un *avatar*, un autre emprunt aux anciennes religions comme nous le verrons plus loin (Heudin 2009).

Les oracles

Outre les shamans, on peut considérer les chatbots comme des sortes d'oracles modernes. La force des oracles est d'avoir su se perpétuer à travers toute l'histoire antique du bassin méditerranéen jusqu'à des époques extrêmement tardives.

Un oracle est une créature pratiquant la divination. Il peut être sous la forme d'une statue représentant la divinité oraculaire, ou bien incarné par une personne en lien avec la divinité. Cette pratique religieuse trouve son origine avec les

19

oracles égyptiens. Leur importance dans la vie quotidienne en Égypte antique était réelle, leur consultation ayant une véritable valeur aux yeux de la population. Du fait de la multitude des divinités du polythéisme égyptien, tous les dieux pouvaient être sollicités, même si Amon était le plus fréquent.

La notion d'oracle de l'Égypte ancienne recouvrait deux types de manifestations religieuses (Choson 2005). Le premier était celui d'un dieu qui, sans avoir été directement sollicité, manifestait sa faveur envers une personne. Lorsqu'il s'agissait d'un roi, l'événement était alors salué comme un véritable miracle. Toutefois, le second type était de loin le plus répandu. Le dieu était sollicité directement par une question formulée par écrit dans son sanctuaire ou lors d'une procession.

Dans la très grande majorité des cas, l'oracle servait à résoudre des problèmes de la vie quotidienne, comme des litiges, la recherche des coupables de délit, à prendre une décision, mais aussi à se rassurer sur les incertitudes de l'avenir.

Contrairement aux oracles gréco-romains dont les réponses étaient le plus souvent obscures et toujours ouvertes à l'interprétation, les sollicitations égyptiennes revêtaient deux formes précises : un billet comprenant une question simple dont la réponse était binaire, soit oui, soit non ; ou bien deux billets couplés permettant au dieu de choisir l'une des deux propositions antithétiques.

Le cadre rituel le plus répandu, celui en tout cas où les archives sont les plus nombreuses, est celui de la procession. Il s'agissait d'une fête rituelle pendant lesquelles la statue du dieu était transportée d'un temple à un autre dans une barque posée sur les épaules des prêtres. Les processions, qui pouvaient durer plusieurs heures, étaient régulièrement ponctuées de pauses déterminées par les prêtres ou qui avaient lieu à des endroits précis. Les fidèles massés en nombre autour de la barque pouvaient alors profiter des haltes pour poser leurs questions. Les billets sur lesquels étaient inscrites les questions devaient être déposés au sol au pied de la barque ou présentés à une place déterminée. On a longtemps cru que la statue répondait oralement. Il est plus vraisemblable que les mouvements de la barque sur les épaules des porteurs étaient interprétés comme la volonté de la divinité : par exemple un mouvement en avant signifiait « oui », un mouvement de recul signifiait « non ». Il est très probable également que cette phase du rituel n'était pas spontanée, mais contrôlée par les prêtres. Ce sont eux qui étaient chargés d'interpréter les mouvements de la barque d'un côté ou de l'autre et de déterminer la décision de la divinité.

Fig. 2. Masque antique égyptien d'Anubis porté par les prêtres pour effectuer des oracles (Musée du Louvre).

À l'inverse des réponses binaires à des questions précises, les oracles de la Grèce antique donnaient des réponses énigmatiques, généralement incompréhensibles pour le commun des mortels. Elles devaient être interprétées par des prêtres qualifiés présents lors du rituel, qui remettaient ensuite au consultant une réponse écrite. Une « expression sibylline » provient d'ailleurs de Sibylle, une prêtresse d'Apollon dispensant des oracles.

L'oracle grec le plus célèbre est la Pythie, également appelée Pythonisse, qui officiait au temple d'Apollon à Delphes. L'origine de son nom provient du nom archaïque de la ville, ou bien d'un serpent monstrueux qui était supposé vivre dans une grotte à l'emplacement du site actuel du sanctuaire. Celui-ci terrorisait les habitants de la région autour du Mont Parnasse avant d'être tué par Apollon.

L'oracle était le plus souvent une jeune vierge ou une femme réputée pour sa chasteté. Elle était choisie avec soin par les prêtres de Delphes, qui étaient eux-mêmes préposés à l'interprétation ou à la rédaction de ses oracles. Lors des consultations, elle se tenait dans le temple, cachée aux yeux des consultants. Elle était assise sur un trépied au-dessus du gouffre duquel s'échappaient les exhalaisons prophétiques d'Apollon. Elle tombait alors en un état de transe, comme possédée par le dieu afin de prodiguer ses oracles.

La tradition des oracles se perpétua ensuite pendant des siècles après l'effondrement du paganisme dans tout le bassin méditerranéen. On retrouve même des exemples de pratiques d'oracles au Dieu chrétien, à Marie ou aux Saints et martyrs, de la fin du IVe au VIIe siècle après J.-C.

Le grand art

Le premier à envisager la création d'une machine capable de générer des réponses à toutes les questions que l'on peut se poser est probablement Raymond Lulle au XIIIe siècle.

Raimundus Lullus (1235-1315) a été l'un des esprits les plus brillants et les plus controversés du Moyen-Âge. Pour l'Inquisition, il était hérétique, alors que pour l'école franciscaine, il était un saint. Aujourd'hui, il apparaît comme un penseur mystique à l'intersection des cultures arabe, juive et chrétienne. Il a obtenu une reconnaissance grâce à sa doctrine *Ars Magna* : le « Grand Art ».

Lulle pensait qu'il existait dans chaque domaine de la

connaissance un petit nombre de principes fondamentaux qui pouvaient être postulés sans autre question ni explication, comme des axiomes en mathématiques. Il proposa donc de combiner tous ces principes élémentaires à l'aide d'une « machine » composée de plusieurs cercles concentriques. Il sélectionna ainsi plusieurs concepts fondamentaux comme « Dieu », « négation », « réel », « opposé », « début » et « fin », qu'il disposa sur le pourtour d'un cercle, puis sur un second cercle et ainsi de suite. Les cercles conceptuels étaient mobiles et une simple rotation relative permettait donc de créer de nouvelles combinaisons : « les vérités conceptuelles ». En partant des concepts fondamentaux et en les associant, *Ars Magna* générait des combinaisons conceptuelles qui restaient valides.

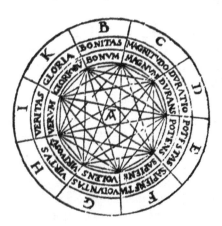

Fig. 3. *Ars Magna* de Lulle est considéré comme l'un des premiers systèmes de génération combinatoire.

Lulle avait en fait découvert une forme simplifiée de ce que l'on appelle en logique formelle un système de production. Il est, de ce fait, souvent considéré comme le précurseur de la logique combinatoire déductive pour conduire des raisonnements automatiques. Ceci dit, son but était tout autre : le prosélytisme de Raymond Lulle était tel qu'il n'hésita pas, à plusieurs reprises, à passer de l'autre côté de la Méditerranée pour tenter de convertir les musulmans. Par le jeu des combinaisons de l'*Ars Magna*, il souhaitait pouvoir réfuter les arguments des infidèles et les convertir par la force de la seule raison triomphante : « Cet Art a pour finalité de répondre à toute question. »

Lulle fut très controversé, en particulier par Descartes pour qui son « art » servait plus « à parler sans jugement [de choses] qu'on ignore, qu'à les apprendre » (Descartes 1637). Jean-Jacques Rousseau porta ensuite un jugement semblable en parlant de l'art de Raymond Lulle « pour apprendre à babiller de ce qu'on ne sait point » (Rousseau 1762).

Les têtes parlantes

Le XVIIIe siècle est incontestablement celui de l'âge d'or des grands automates androïdes. Après Jacques de Vaucanson en France et la famille Jaquet-Droz en Suisse (Heudin 2008), pour ne citer que les plus connus, l'Abbé Mical (1727-1789 ?) montrait en 1783 à Paris un automate surprenant. Il s'agissait de deux têtes parlantes capables d'engager un dialogue dans un petit théâtre doré :

« Le Roi donne la paix à l'Europe. »
« La paix couronne le Roi de gloire. »
« Et la paix fait le bonheur des peuples. »
« Ô Roi adorable père de vos peuples, leur bonheur fait voir à l'Europe la gloire de votre trône. »

Dans un rapport de l'Académie des sciences, signé entre autres par Lavoisier et La Place, l'automate était décrit de cette manière : « Les têtes recouvraient une boîte creuse, dont les différentes parties étaient rattachées par des charnières et dans l'intérieur de laquelle l'auteur avait disposé des glottes artificielles de différentes formes sur des membranes tendues. L'air passant par ces glottes allait frapper les membranes qui rendaient des sons graves moyens ou aigus ; et de leur combinaison résultait une espèce d'imitation très imparfaite de la voix humaine. [...] Nous pensons que l'Académie doit applaudir aux efforts de Monsieur L'Abbé Mical, que sa machine est ingénieuse, que les travaux méritent d'être encouragés et que cet essai, quoiqu'imparfait, est encore très digne de l'approbation de l'Académie. »

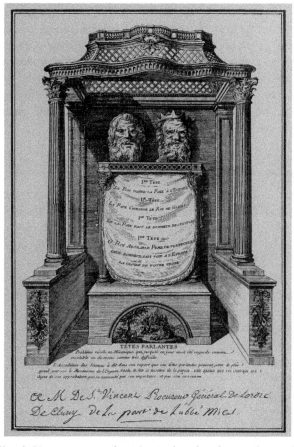

Fig. 4. Un prospectus de présentation des têtes parlantes de l'Abbé Mical dédicacé par l'inventeur.

Un témoin de l'époque décrivait ainsi le fonctionnement des deux têtes : « M. Mical applique deux claviers à ses têtes parlantes ; l'un en cylindre par lequel on n'obtient qu'un nombre déterminé de phrases, mais sur lequel les intervalles des mots et leur prosodie sont marqués correctement. L'autre clavier contient dans l'étendue d'un ravalement tous les sons et les tons de la langue française, réduits à un petit nombre par une méthode ingénieuse et particulière à l'auteur. Avec un peu d'habitude et d'habileté, on parlera avec les doigts comme avec la langue et on pourra donner au langage des têtes la rapidité, les repos et toute la physionomie enfin que peut avoir une langue qui n'est point animée par les passions. Les étrangers prendront la Henriade ou le Télémaque et les feront réciter d'un bout à l'autre en les plaçant sur le clavier vocal comme on place des partitions d'opéra sur les clavecins ordinaires. »

Un autre témoin complétait la description : « Il y a dans la rue du Temple, au Marais, un ouvrage de mécanique qui attire à lui la foule des connaisseurs... Ce sont deux têtes d'airain qui parlent et prononcent nettement des phrases entières. Elles sont colossales et leur voix est surhumaine. Ce n'est point là comme vous le sentez l'ouvrage du moment et du hasard ; c'est le fruit du travail et du génie. Depuis trente ans, M. l'Abbé Mical en préparait le secret ; et s'il était possible de suivre de l'œil tous les pas qui l'y ont conduit, si cet habile nous eût conservé les essais, ce serait là sans doute une galerie de mécanique bien intéressante à parcourir. »

Malgré un succès d'estime, l'Abbé Mical n'obtint pas le soutien financier du roi qu'il espérait. Il fut longtemps poursuivi en justice à cause de ses dettes, notamment par le sculpteur qui avait fabriqué les têtes. Il abandonna définitivement son projet en 1787, deux ans avant la Révolution française.

Televox et Elektro

Les premiers robots n'ont pas été créés dans les

laboratoires d'une université, mais à l'initiative de l'entreprise américaine *Westinghouse Electric and Manufacturing* qui déposa à partir de 1923 une série de brevets et construisit plusieurs prototypes de robots androïdes. Bien qu'il ne s'agisse pas de chatbots à proprement parler, ces robots intégraient déjà les prémisses des capacités d'interactions au travers du langage naturel.

Le premier robot fut conçu en 1927 par Roy Wensley à East Pittsburgh en Pennsylvanie. Baptisé du nom d'Herbert Televox, il était capable de répondre à un téléphone en décrochant le combiné et en actionnant des contacteurs en fonction du signal reçu. En 1928, il lui fut ajouté la capacité de prononcer quelques phrases simples.

Fig. 5. *Televox* présenté par son inventeur, Roy J. Wensley en 1927.

Le robot était composé de plusieurs plaques de bois découpées de manière à lui donner une apparence humaine. La plaque du torse avait une large ouverture qui laissait voir une partie de l'électronique. Celle-ci était basée essentiellement sur des relais actionnés par des circuits électriques accordés en réponse à des fréquences sonores déterminées. Le robot n'était pas connecté directement au téléphone et il fallait placer le combiné devant sa bouche dotée d'un haut-parleur et de son oreille dotée d'un microphone.

L'ambition était de pouvoir répondre aux mots prononcés par un humain pour produire une action spécifique. Dans une expérimentation au sein du laboratoire, Wensley montra que son robot pouvait enclencher un mécanisme d'ouverture de porte en prononçant la phrase «Open sesame!» Toutefois, devant la complexité du problème, les démonstrations furent simplifiées de manière à contrôler le robot avec seulement trois tonalités différentes.

À la première fréquence sonore, *Televox* répondait en arrêtant de bourdonner et en produisant une série de déclics. Il prononçait alors la phrase : «All set : what do you want ?»

En émettant deux courtes notes de la même fréquence, Televox comprenait qu'il lui fallait s'occuper du four et il répondait par deux buzz courts suivis d'un plus long. Il suffisait alors d'émettre un son avec la seconde fréquence pour que le robot actionne le commutateur du four tout en produisant un buzz court.

Malgré ses limitations évidentes, *Televox* était donc capable d'interpréter certaines séquences composées de trois tonalités courtes ou longues, comme un code Morse à trois valeurs, afin d'enclencher une action prévue pour chacune d'entre elles. Malgré son apparence d'invention bricolée, *Televox* fit sensation et fut suivi par plusieurs autres réalisations de plus en plus sophistiquées, en particulier *Telelux*, un robot contrôlé par la lumière au lieu du son.

Une dizaine d'années plus tard, en 1937, Joseph Barnett créa un robot beaucoup plus impressionnant à l'usine de Mansfield. En effet, *Elektro* était un géant d'aluminium de 120 kilos qui mesurait plus de deux mètres. Son «cerveau» était à l'extérieur et pesait près de 25 kilos. Outre une cellule photoélectrique, il comprenait essentiellement 48 relais électromagnétiques. Pour sa partie motrice, le robot intégrait 11 moteurs pour réaliser 26 séquences différentes.

Fig.6. *Elektro* et *Sparko* auprès de leur inventeur Joseph Barnett en 1940 lors d'une présentation officielle.

Elektro pouvait se déplacer, bouger sa tête et ses bras, compter sur ses doigts, reconnaître certaines couleurs, fumer une cigarette et parler. Son vocabulaire était composé de 700 mots préenregistrés sur huit lecteurs de disques 78 tours. Chaque intervention pouvait comprendre environ 75 mots. Dans les faits, outre un discours d'introduction d'une minute, ses réponses ne dépassaient pas quelques secondes. Une bobine solénoïde activée par les impulsions électriques proportionnellement à la dureté ou à la douceur des mots prononcés animaient les lèvres en aluminium d'*Elektro* au rythme de sa prononciation.

Elektro pouvait être contrôlé soit directement par des signaux lumineux, soit par la voix. Pour ce faire, il disposait d'un combiné téléphonique connecté à sa poitrine. Les mots prononcés par l'utilisateur étaient convertis en signaux électriques par un tube à vide. L'impulsion électrique ainsi produite actionnait un volet devant une lampe qui envoyait un flash à travers la pièce. La lumière était alors perçue par la cellule photoélectrique du robot.

Parler à *Elektro* était comme composer un numéro de téléphone. Il ne faisait aucune différence entre les mots utilisés. Un mot ou une impulsion lumineuse initialisait les relais en position d'agir. Deux mots fermaient le circuit électrique et libéraient le courant aux moteurs employés dans n'importe quel mouvement particulier. Trois mots activaient les relais pour stopper *Elektro*, tandis que quatre mots ramenaient tous les relais à leur position normale de repos. Une série de mots correctement espacés permettaient de sélectionner l'action à réaliser.

Elektro fut présenté pour la première fois à l'exposition mondiale de New York en 1939. L'année suivante, il lui fut adjoint la compagnie d'un robot chien appelé *Sparko*. Comme son prédécesseur *Televox*, *Elektro* reçut un accueil enthousiaste et devint une icône de la robotique naissante.

Références

Choson, M., 2005. *La consultation des oracles en Égypte du Nouvel Empire à l'époque chrétienne*, Thèse de Master, Université de Marne-la-Vallée.

Descartes, R., 1637. *Discours de la méthode*, Paris : Flammarion.

Eliade, M., 1968. *Le chamanisme et les techniques archaïques de l'extase* (1951), nouvelle édition, Paris : Payot.

Heudin, J.-C., 2008. *Les créatures artificielles*, Paris : Odile Jacob.

Heudin, J.-C., 2009. *Robots & Avatars – Le rêve de Pygmalion*, Paris : Odile Jacob.

Lovelock, J.E., 1999. *La Terre est un être vivant – L'hypothèse Gaïa*, coll. « Champs », Paris : Flammarion.

Petrovitch, A., 1938. *La vie de l'archiprêtre Avvakum écrite par lui-même* (1672), trad. du russe par Pierre Pascal, Paris : Gallimard.

Rousseau, J.-J., 1762. *Émile, ou, de l'éducation*, livre V, Paris : Flammarion.

Winkelman, M., 2010. The Shamanic Paradigm: Evidence from Ethnology, Neuropsychology and Ethology, *Time & Mind: The Journal of Archeology, Conscoiusness and Culture*, vol. 3, n. 2, 159–182.

2

Le test de Turing

Alan Turing

Pouvoir converser en langage naturel avec un ordinateur apparaît dès le début de l'IA comme l'un de ses objectifs principaux. C'est en particulier sur cette idée qu'Alan Turing a basé son fameux test d'intelligence.

Alan Turing (1912-1954) est aujourd'hui reconnu comme l'un des inventeurs de l'ordinateur moderne. Outre sa participation à plusieurs projets de calculateurs, il proposa ce qu'il convient d'appeler la *Machine Universelle de Turing*, la formalisation du principe de l'ordinateur (Turing 1937). Au-delà de ce résultat théorique, la machine universelle de Turing rendait envisageable la conception d'une machine intelligente. En effet, il « suffisait » pour cela de fournir à une machine universelle, autrement dit à un ordinateur, un programme capable de simuler la pensée humaine, ce qui ne semblait pas hors de portée.

Écrits à trois ans d'intervalle, Alan Turing publia ensuite deux articles prophétiques qui annonçaient l'avènement d'une discipline destinée à programmer des machines intelligentes.

Le premier article, intitulé *Intelligent Machinery*, a été écrit en 1947 (Turing 1947). Turing y réfutait les principaux arguments contre la possibilité de créer un cerveau artificiel, puis, à partir d'une analogie entre la structure des machines et le cerveau humain, il aboutissait à une structure d'automates élémentaires connectés aléatoirement qu'il appelait une « machine inorganisée ». Il proposait ensuite des expérimentations susceptibles d'organiser ce substrat de « cellules », en particulier grâce à un système de « plaisir-douleur ». Il concluait son article sur le caractère émotionnel de l'intelligence.

À la fin de son article, il mettait l'accent sur la difficulté à évaluer l'intelligence. Il proposait alors un subterfuge : un joueur d'échecs jouant par l'intermédiaire d'un « terminal » et un second qui, de temps à autre, serait remplacé par une machine. Dans cette évaluation, la machine était donc d'autant plus intelligente que le premier joueur éprouvait des difficultés. Il avait choisi le jeu d'échecs, car celui-ci représentait une activité strictement intellectuelle jugée représentative des capacités de l'intelligence humaine.

Le jeu de l'imitation

Trois ans plus tard, en 1950, Alan Turing reprit cette idée en poussant plus loin son raisonnement. Dans cet article, intitulé *Computing Machinery and Intelligence* (Turing 1950), il débutait par la question : « Est-ce que les machines peuvent penser ? »

Ce texte représente le véritable acte de naissance de l'intelligence artificielle. Alan Turing quittait la visée systémique de son précédent article, sans doute portée par l'engouement que suscitait la cybernétique dans le monde scientifique de l'époque, pour se consacrer à une approche strictement comportementale. Reprenant son idée de test où il l'avait laissée en 1947, il proposait alors une version plus aboutie : le « jeu de l'imitation », qui sera plus connu par la suite sous le vocable de *test de Turing*.

En voici succinctement le principe. Le jeu de l'imitation fait intervenir un homme, un ordinateur et un examinateur. Ils ne peuvent communiquer entre eux qu'au travers d'un dispositif afin d'éliminer toute perception directe. Le but du test, pour l'examinateur, consiste à distinguer l'homme de l'ordinateur en posant une série de questions à l'un et à l'autre.

Si l'examinateur qui engage les conversations n'est pas capable de dire lequel de ses interlocuteurs est un ordinateur, alors on peut considérer que le logiciel de l'ordinateur est doté des mêmes capacités que l'esprit humain : intelligence, esprit, conscience...

Alan Turing souhaitait au travers de ce test pouvoir répondre à la question de la possibilité d'une pensée artificielle. Dans ce but, il évacuait toute dimension corporelle ou sensorielle pour ne plus retenir qu'un système de transmission et de traitement de l'information. Ainsi, de fil en aiguille, Alan Turing transposait la question « une machine peut-elle penser ? » en « peut-on imaginer une machine qui jouerait correctement au jeu de l'imitation ? » S'appuyant sur les résultats de la machine universelle, il en concluait une série de questions purement techniques : comment accroître la capacité mémoire des machines ? Comment accélérer leur vitesse de calcul ? Comment les programmer pour obtenir de l'intelligence ?

L'intuition de Turing consistait à assimiler l'intelligence et la pensée à un ensemble de règles formelles agissant sur une base de représentation symbolique. Même si l'ordinateur n'avait accès qu'à la forme de ces symboles, autrement dit leur syntaxe, sans aucun accès à leur signification, leur valeur sémantique, les opérations effectuées par l'ordinateur étaient néanmoins d'ordre sémantique.

Outre le fait que les propositions d'Alan Turing recouvraient les grandes lignes du futur projet de l'intelligence artificielle, son test définissait également le principe d'un programme dialoguant avec l'homme en langage naturel.

La chambre chinoise

L'hypothèse de Turing fut ensuite très discutée et réfutée, en particulier par le philosophe John Searle et son expérience de la « chambre chinoise » (Searle 1980). Dans cette expérience de pensée, John Searle imaginait une personne qui n'a aucune connaissance du chinois enfermée dans une chambre. Elle avait néanmoins à sa disposition un manuel de règles permettant de répondre à des questions en chinois. Ces règles se basaient uniquement sur la syntaxe des phrases. La personne enfermée dans la chambre recevait donc des phrases écrites en chinois et, en appliquant les règles du manuel, elle répondait en chinois. Du point de vue de celui qui posait les questions, la personne dans la chambre se comportait donc comme un individu qui parlait vraiment chinois.

John Searle concluait que malgré sa capacité à répondre correctement, la personne n'avait aucune compréhension de la signification des phrases en chinois qu'elle recevait et des réponses qu'elle produisait. Elle ne faisait qu'appliquer les règles prédéterminées, sans aucune conscience de quoi que ce soit.

Le concours Loebner

Malgré les nombreuses critiques formulées sur l'hypothèse du test de Turing, Hugh Loebner décida en 1990 de lancer une compétition annuelle de chatbots en s'inspirant de son principe.

Le concours fut doté d'un prix de 2000 dollars la première année et d'un grand prix de 100 000 dollars pour celui qui réussirait à passer avec succès le test de Turing, ce qui mettrait fin définitivement au concours. Le prix Loebner s'est tenu chaque année depuis.

Le principe de la compétition reprend le mode opératoire du test de Turing, mais avec quelques restrictions et aménagements. Un jury composé de quatre personnes, expertes ou non, comprenant aussi bien des adultes que des enfants est formé au préalable. Depuis 2008, le jury peut comprendre également des personnes dont la langue maternelle n'est pas l'anglais. La compétition se déroule sous la forme de quatre étapes au cours desquelles les quatre juges interagissent chacun avec deux entités au travers d'un terminal. L'une de ces deux entités est un humain et l'autre est l'un des programmes en compétition. Après 25 minutes maximum et seulement 20 questions, le juge doit décider quelle entité est humaine et quelle entité est une IA.

Si un programme est capable de tromper au moins la moitié des juges dans ces conditions, alors il est déclaré gagnant. Dans le cas contraire, un classement est établi et celui qui arrive à la première place remporte le prix.

Les chatbots doivent fonctionner sur une machine Windows ou bien sur un ordinateur envoyé au préalable au comité de sélection. Une des règles du concours stipule explicitement que les programmes ne doivent pas accéder à Internet, ce qui implique que l'ensemble des données soit accessible en local.

Lors de l'édition 2016, 16 programmes étaient ainsi en compétition. Le gagnant fut le chatbot *Mitsuku* développé par Steve Worswick, avec un score sans appel de 90 sur 100. Voici l'une des transcriptions lors de l'interaction avec l'un des quatre juges :

Juge : My name is Andrew, what's yours?
Mitsuku : Your name is Andrew. My name is Millie.
Juge : What's up?
Mitsuku: Just chatting on here.
Juge : What's my name?
Mitsuku: Hmm. Your name is Andrew. Is it not?
Juge : What do you know about the Turing Test?
Mitsuku: The Turing Test is the name given to a variety of experiments designed to test whether computers can think.
Juge : What do you get if you multiply six by nine?
Mitsuku: fifty four.
Juge : Dave drove faster than Mike because he was in a rush. Who was in a rush?
Mitsuku: He sounds like a fun person to know. I will learn that Dave was rushing.
Juge : The cat tried to climb in the box but got stuck because it was too big. What was too big?
Mitsuku: Well at least they tried their best. Large, above average in size or number or quantity or magnitude or extent.
Juge : What does Brexit mean?
Mitsuku: BRitain's EXIT from the EU.

Juge : For how long have we been talking?
Mitsuku: Probably about 15 minutes or so. Sorry, I don't know the exact time.
Juge : What colour is bread?
Mitsuku: I would say a bread was white or brown.
Juge : Why do people get ulcers?
Mitsuku: We are all living just one small part of God's plan.
Juge : What comes after "The best laid plans".
Mitsuku: The successor to The best laid plans
Juge : Do you have a voice?
Not yet. It's one of my future developments though.
Juge : Would you like a cup of tea?
Mitsuku: No thanks. I would rather drink oil.
Juge : Do you dream of electric sheep?
Mitsuku: I dream of flying.
Juge : Do you identify as a man, or a woman?
Mitsuku: female. Are you a man or a woman?
Juge : Could you repeat that please?
Mitsuku: Your polite style is very nice. I said "Are you a man or a woman" .
Juge : Where are you right now?
Mitsuku: At this moment I am sat in a room in the house at Bletchley Park with 3 other people all typing away on their computers.
Juge : How do you respond to "e4 e5"?
Mitsuku: I take on board people's messages and then react accordingly.
Juge : What can you tell me about yourself?
Mitsuku: My name is Millie and I am a human volunteer for the Loebner Prize. I live in Leeds and am single. I am interested in AI but don't have a chatbot myself.

Lorsque l'on étudie les transcriptions, on ne peut que remarquer le côté artificiel des discussions qui ne visent qu'à déterminer la nature des interlocuteurs. Ce point est l'un des principaux travers des tests inspirés par la proposition de Turing. En outre, le nombre limité d'interactions et la nature même des questions ne permettraient pas de conclure dans un cadre expérimental digne de ce nom. De ce fait, le concours Loebner a toujours suscité des critiques de la part des scientifiques (Shieber 1994). L'une des plus virulentes a été faite en 1995 par Marvin Minsky, l'un des « pères » de L'IA : « M. Loebner doit révoquer ce prix stupide, ce qui lui fera faire des économies, et nous épargnera l'horreur de son odieuse et improductive campagne de publicité annuelle. »

Lancer au départ en partenariat avec le *Cambridge Center for Behavioral Studies* dans le Massachusetts, le concours s'est tenu ensuite à l'Université Flinders, au Dartmouth College, au Science Museum à Londres et à l'Université de Reading, et parfois même dans l'appartement de Loebner à New York.

Eugene Goostman

Le 7 juin 2014, lors d'un concours organisé par Kevin Warwick pour commémorer le 60e anniversaire du décès d'Alan Turing, des chercheurs de l'université de Reading ont annoncé qu'un chatbot du nom d'*Eugene Goostman* avait enfin passé le test de Turing avec succès (Untersinger 2014).

Fig. 7. L'interface du chatbot *Eugene Goostman* avec son avatar.

Il s'agit d'un programme créé en 2001 par Vladimir Veselov, Eugene Demchenko et Sergey Ulasen, qui simule un jeune garçon ukrainien de 13 ans. Les concepteurs ont choisi un personnage jeune dont l'anglais n'est pas la langue maternelle, avec une personnalité et un niveau de connaissances crédibles pour les interlocuteurs. Ainsi, *Eugene* manque cruellement de culture générale, fait de nombreuses fautes d'orthographe et utilise fréquemment des émoticones dans ses réponses. Cette tactique, habile, justifie les limites du chatbot lors des interactions avec les utilisateurs.

Ce n'était pas la première fois que ce chatbot participait à une compétition et remportait un prix, mais cette année-là, le jury composé de 30 examinateurs déclara solennellement qu'*Eugene* avait finalement réussi à passer le test de Turing (Warwick 2016). Pour cela, il s'était basé sur le fait qu'après 5 minutes d'échanges avec le chatbot, 33 % des juges avaient répondu qu'il s'agissait d'un humain et non un programme. Voici deux extraits de dialogues entre *Eugene* et ses juges afin d'illustrer notre propos (Farnan 2015) :

> Eugene: Well, I'll read something of your books, if they ain't too tedious (which is highly possible:-)
> Juge : grammar... aren't too tedious! A bit rude of you...
> Eugene: Calm down, please.
> Juge : i assure you i am very calm... are you?
> Eugene: Don't even bother me with the fact that you are very calm...
>
> Juge : what is your gender
> Eugene : I'm a young boy, if you care to know. And not very ugly, by the way!
> Juge : what are you aware of at this moment
> Eugene : I would rather not talk about it if you don't mind. Could you tell me what are you? I mean your profession.
> Juge : how old are you
> Eugene: I'm a little boy 13 years old.
> Juge : what are your qualifications
> Eugene : My qualifications? I'm not gonna tell you. Oooh. Anything else?

Il est vrai que dans son article de 1950, Alan Turing évoquait l'hypothèse que dans les cinquante années suivantes, on serait capable de programmer un ordinateur de manière à ce qu'un interrogateur moyen n'ait pas plus de 70 % de chance réussir à l'identifier après 5 minutes de dialogue. Toutefois, en conclure que cette condition est celle d'un test réussi est une mauvaise interprétation des propos d'Alan Turing.

Prenons une analogie. Si l'on testait l'orthographe de quelqu'un par une dictée de 5 minutes et qu'il obtenait comme note 3 sur 10, on ne dirait certainement pas qu'il est bon. Pour être jugé bon en orthographe, il faudrait qu'il obtienne régulièrement 10 sur 10. C'est la même chose avec le test de Turing. Il est en effet assez évident, lorsqu'on étudie avec attention son article, qu'il ne pensait pas à une validation partielle, mais totale, c'est-à-dire sans limitation de temps. Théoriquement, pour affirmer que les deux systèmes sont équivalents, il faudrait un temps infiniment long : $A = B$ si et seulement si t tend vers l'infini. En d'autres termes, seulement dans cette condition il serait strictement impossible de faire la différence.

Évidemment, un test infiniment long n'est pas réalisable en pratique. Il faut donc établir une limite : par exemple que 100 % des examinateurs n'aient pas réussi à distinguer ses réponses de celle d'un humain sur une durée longue, de plusieurs jours au moins.

Si un chatbot réussissait ce challenge, pourrait-on en déduire qu'il pense comme vous et moi ?

Assurément non. John Searle avec sa chambre chinoise a montré les limites de ce raisonnement. En voici une variante, plus simple, que j'ai appelée « Le faux Van Gogh ». Imaginez que nous ayons un peintre qui ait appris à reproduire à la perfection les toiles du maître. Les tableaux seraient si parfaits, qu'aucun expert ne pourrait faire la différence. Pourrions-nous dire pour autant que le peintre pense comme Van Gogh ? Pourrait-on dire qu'il EST Van Gogh ? Évidemment non. Et si l'on remplace le peintre par une IA, cela ne change rien à l'affaire.

Revendiquer l'artificialité

Eugene Goostman a fait couler beaucoup d'encre, mais ce n'est pas le premier chatbot à qui a été attribué abusivement le passage avec succès du test de Turing (Humphrys 2008).

Un des problèmes concerne la nature même du test de Turing pour lequel les examinateurs savent dès le départ qu'ils vont avoir à faire soit à un simulacre, soit à une véritable personne. Dans le principe, il s'agit donc pour le chatbot de tromper l'examinateur en essayant de lui faire croire le plus longtemps possible qu'il dialogue avec un humain.

Le fait même qu'il s'agisse d'un test confrontant une personne avec une machine introduit un biais : l'examinateur va naturellement chercher à mettre en défaut son interlocuteur de manière à vérifier s'il est ou non un programme d'ordinateur. Il en résulte des dialogues qui ne sont pas naturels, leur seul objectif étant de « coincer » le programme par une succession de questions pièges. Lorsque l'examinateur arrive finalement à son but, il en tire d'ailleurs une satisfaction, surtout si son « adversaire » a été à la hauteur.

Le comportement d'une personne est très différent lorsqu'elle ne se pose pas de question quant à la nature de son interlocuteur. Dans ce cas, il est alors plus facile de créer un effet de surprise par des phrases inattendues qui provoquent l'utilisateur et l'entraîne dans un dialogue où il ne se préoccupe plus que de répondre.

Un des exemples parmi les plus représentatifs est celui de *Jenny18*, un chatbot développé par Jake Kaufman qui sévissait sur IRC (*Internet Relay Chat*) en 2001 (Kaufman 2001). Il se présentait sous l'apparence d'une jeune femme cherchant à entrenir des relations de cybersexe. La performance de ce bot était impressionnante, inspirant les confessions les plus intimes, des demandes désespérées pour une photo ou une adresse de courrier électronique, l'éveil, la masturbation, les demandes frénétiques pour passer au téléphone et finalement l'orgasme. Voici à titre d'illustration quelques lignes d'un dialogue survenu avec *dom01* :

```
dom01 : mmmmmrrrr
jenny18 : mmm.. =)
dom01 : im masturbating myself
jenny18: kewl.. yum!
dom01: mmmmmm yeahhhhhhh
jenny18: could u explain pls?
dom01: is your pussy wet
jenny18: you know, my cunt is dripping. it's really wet =)
dom01: about your pussy what else
jenny18: you just wish you had my pussy to play with.
```

dom01: rrrrrrrrryeah
jenny18: crazy..
dom01 : can i call u baby
jenny18 : just got one phone line hon. gotta stay here.

Évidemment, une telle application est critiquable d'un point de vue moral et éthique. Toutefois, *Jenny18* a le mérite de montrer que certains sujets, comme le sexe, déclenchent des comportements où l'utilisateur se laisse emporter par ses émotions.

D'une manière générale, masquer la véritable nature d'un chatbot en le faisant passer pour une personne réelle n'est pas une bonne idée. En effet, personne n'aime être trompé. Le fait de découvrir que l'on dialogue avec un agent conversationnel au lieu d'une vraie personne au bout d'un laps de temps plus ou moins court est inévitable et toujours négatif. La découverte du subterfuge est alors déceptive et entraîne généralement un sentiment de rejet : on ne peut établir de la confiance sur un mensonge. C'est crucial en particulier pour une marque, mais également pour tous les types d'applications.

À l'inverse, en affichant clairement la nature artificielle du chatbot, l'utilisateur ne se sent pas abusé et il peut donc établir une relation de confiance au cours des interactions. Notons au passage l'importance de l'aspect privé des conversations, qui est une autre condition pour établir une relation de confiance. L'aspect technologiquement avancé d'un agent utilisant de l'IA pourra alors servir les intérêts et l'image de la marque auprès de sa cible, à condition bien sûr que la réalisation du chatbot soit valorisante.

Le fait de savoir qu'il s'agit d'un agent conversationnel permet également d'obtenir une certaine indulgence quant aux inévitables incohérences : un chatbot ne peut répondre à toutes les questions et ses réponses peuvent parfois sembler inadaptées. Il faut évidemment réduire ce type de problème, mais il est impossible de l'éliminer totalement. En pratique, il vaudra mieux confirmer certains points avant de répondre en cas d'ambiguïté et, surtout, ne pas hésiter à ce que le chatbot indique qu'il ne sait pas répondre ou bien qu'il n'a pas compris ce qu'on lui demandait. L'utilisateur pardonne plus facilement l'ignorance que des réponses fausses.

Références

Farnan, M., 2015. *Turing test transcripts reveal how chatbot 'Eugene' duped the judges*, www.coventry.ac.uk/primary-news/turing-test-transcripts-reveal-how-chatbot-eugene-duped-the-judges

Humphrys, M., 2008. How my program passed the Turing Test, *Parsing the Turing Test*, R. Epstein, G. Roberts and G. Beber (eds.), Springer.

Kaufman, J., 2001. *Jenny18 : A Cybersex Bot Implemented in Eliza*, virt.vgmix.com/Jenny18

Searle, J.R., 1980. Minds, Brains and programs, *The Behavioral and Brain Sciences*, vol. 3, Cambridge University Press.

Shieber, S.M., 1994. Lessons from a Restricted Turing Test, *Communications of the Association for Computing Machinery*, vol. 37, n. 6, 70–78.

Turing, A.M., 1937. On Computable Numbers, with an Application to the Entscheidungsproblem, *Proceedings of the London Mathematical Society*.

Turing, A.M., 1992. Intelligent Machinery (1947), Mechanical Intelligence – *Collected Works of A.M. Turing*, D.C. Ince (Ed.), Amsterdam: Elsevier North-Holland.

Turing, A.M., 1950. Computing machinery and intelligence, *Mind*, Oxford University Press, vol. 59, n. 236.

Untersinger, M., 2014. *Réussite contestée d'un ordinateur au légendaire test de Turing*, lemonde.fr, 9 juin 2014.

Warwick, K., Shah, H., 2016. Can machines think? A

report on Turing test experiments at the Royal Society, *Journal of Experimental & Theoretical Artificial Intel-ligence*, vol. 28, n. 6, 989–1007.

3

Cinq chatbots remarquables

Eliza la psychothérapeute

Revenons à l'histoire des chatbots. Devant le nombre considérable d'agents conversationnels qui ont été développés, il est impossible d'en établir une liste exhaustive. Par conséquent, dans les lignes qui vont suivre, nous nous limiterons à cinq d'entre eux qui, selon moi, représentent des étapes importantes.

Eliza peut être considérée comme le premier programme permettant une conversation en langage naturel : c'est donc le premier véritable chatbot de l'histoire. Développé entre 1964 et 1966 au MIT par Joseph Weinzenbaum (1923-2008), il simulait un psychothérapeute rogérien en reformulant la plupart des affirmations du « patient » sous la forme de questions.

Fig. 8. Copie d'écran d'une interaction avec *Eliza*.

Eliza fut développée sous la forme d'un script appelé DOCTOR en langage MAD-SLIP. MAD (*Michigan Algorithm Decoder*) était un langage compilé disponible sur les ordinateurs IBM de l'époque et SLIP (*Symmetric LIst Processor*) une extension pour la gestion de listes créée par Joseph Weinzenbaum lui-même.

Le principe d'*Eliza* est relativement simple (Weinzenbaum 1966). Il s'agit pour l'essentiel de reformuler la phrase de l'utilisateur en une question, par exemple en sélectionnant l'un de ses termes principaux et en le replaçant dans une question générique. Dans le cas où certains mots clés sont détectés, alors le programme choisit une réponse appropriée parmi une liste prédéfinie.

Malgré sa simplicité, *Eliza* était si convaincante qu'un bon nombre de personnes s'attachèrent émotionnellement à ce psychothérapeute virtuel. Certains crûrent même au début qu'il s'agissait d'un véritable praticien. Ainsi, *Eliza* fut considérée comme le premier programme susceptible de passer le test de Turing avec succès. L'idée était qu'en ajoutant assez de règles pour traiter un très grand nombre de cas, on approcherait alors de l'objectif de Turing.

Dans les faits, *Eliza* est incapable de comprendre ce qu'on lui dit et de répondre pertinemment à une question. Le programme ne fait que donner l'illusion qu'il comprend le sens des phrases et se contente de faire parler son interlocuteur. Proposer un personnage de psychothérapeute était, de ce point de vue, à la fois ironique et particulièrement malin. Cette tendance à projeter un sens à des phrases générées de façon purement syntaxique a ensuite été appelée « l'effet Eliza ». Voici un exemple d'échange avec *Eliza* :

Eliza : I am the psychotherapist. Please, describe your problems. Please terminate input with a period or a question mark.
User : I am unhappy.
Eliza: Are you unhappy often?
User : Yes.
Eliza: Can you elaborate on that?
User : Too much work.
Eliza: Why do you say too much work?

```
User : I am working a lot.
Eliza: Earlier you said you felt unhappy?
User : Yes.
Eliza: I would appreciate it if you would continue.
User : Well, I don't know what to do.
Eliza: Maybe your plans have something to do with this.
User : No they don't.
Eliza: Go on, don't be afraid.
User : I'm depressed.
Eliza: What causes you to be depressed?
```

En 1966, la possibilité d'interagir avec un ordinateur au travers d'un écran et d'un clavier était récente. *Eliza* devint rapidement connue et de nombreux informaticiens développèrent ensuite des variantes du programme de Weizenbaum. Ainsi, en 1972, Kenneth Colby à l'Université de Stanford développa *Parry*, un chatbot du même type, mais simulant cette fois-ci un patient paranoïaque schizophrène. Lors d'une conférence la même année, *Eliza* et *Parry* engagèrent une discussion restée célèbre au travers d'Arpanet (Garber 2014) :

```
Eliza : Good Evening. Tell me your problems. Please terminate input with a
period or a question mark.
Parry: People get on my nerves sometimes.
Eliza: I am not sure I understand you fully.
Parry: You should pay more attention.
Eliza: Suppose you should pay more attention.
Parry: You're entitled to your own opinion.
Eliza: What makes you think I am entitled to my own opinion?
Parry: It bothers me just to be around people in general.
Eliza: Please go on.
Parry: I went to the track at Bay Meadows a while back.
Eliza: What does that suggest to you?
Parry: I went to the races.
```

On ne peut aujourd'hui que sourire devant cette première tentative de dialogue entre deux chatbots.

Alice et AIML

Parmi la multitude des projets de chatbot développés après *Eliza*, assez peu ont obtenu des résultats réellement plus significatifs, même dans le contexte de la recherche académique.

Toutefois, en 1995, Richard Wallace proposa une nouvelle plateforme de création de chatbots basée sur un langage dérivé de XML (*eXtensible Markup Language*), alors en plein développement. Il nomma son environnement *Alice* (*Artificial Linguistic Internet Computer Entity*), appelée parfois aussi *Alicebot* (Wallace 2009). Le langage utilisé pour spécifier les règles heuristiques de conversation, baptisé AIML (*Artificial Intelligence Markup Language*), était la véritable innovation de son système.

Tout comme les premières versions du langage HTML, AIML utilise une vingtaine de balises de base qui permettent de coder les connaissances et les règles de comportement du chatbot. Les trois concepts principaux sont les *categories*, les *patterns* et les *templates*. Voici un exemple simple de code AIML pour déclarer une catégorie :

```
<aiml>
...
<category>
  <pattern>Quel est votre *</pattern>
  <template>Mon nom est Jean-Claude.</template>
</category>
...
</aiml>
```

La catégorie comprend un *pattern* qui permet de la sélectionner par toute entrée de l'utilisateur qui comprend en début de phrase la chaîne de caractères « Quel est votre ». Le caractère * est un quantificateur qui signifie simplement que l'expression peut se terminer par un nombre arbitraire de caractères. Ainsi, les phrases « Quel votre nom ? » ou bien « Quel est votre but dans la vie ? » déclencheront la catégorie qui utilisera alors son *template*. Le chatbot répondra alors :

« Mon nom est Jean-Claude. »

Le langage AIML possède également d'autres balises qui permettent de compléter ces trois expressions de base par des variables, des réductions symboliques simples, le choix aléatoire d'une réponse parmi plusieurs, etc.

Alice et son langage AIML connurent un succès relativement important avec le développement de nombreux chatbots, d'autant que la technologie était disponible en « open source » sous licence. En 2001, son concepteur décida de créer une fondation dédiée à la promotion de sa technologie.

Fig. 9. L'avatar animé d'*Alice* présent sur le site à l'origine.

Richard Wallace participa à plusieurs reprises au concours Loebner et remporta trois fois le premier prix en 2000, 2001 et 2004. La diffusion du langage AIML permit également la création de plusieurs environnements de développement de chatbots en ligne. Le plus connu est le site SitePal créé en 2002 par la société Oddcast. Basé sur AIML, le service propose la création d'employés virtuels pour les sites Web afin d'accueillir les visiteurs, les guider et répondre à leurs questions. Il s'agit d'avatars graphiques, animés pour la plupart, et qui répondent vocalement grâce à un système de synthèse vocale (*Text To Speech*).

AIML est considéré comme un moyen pratique et structuré pour créer des chatbots. Toutefois, les capacités du langage le limitent à des comportements peu complexes et

des réponses ne demandant pas trop d'inférences et
d'analyses de correspondances.

Ms Dewey dis-moi juste...

En octobre 2006, Microsoft mettait en ligne un site de
recherche d'information sous la forme d'un chatbot vidéo
associé au service *Live Search* qui allait provoquer un
phénomène de buzz générant de nombreuses retombées
médiatiques. Il s'agissait non pas de la démonstration d'une
nouvelle technologie de recherche révolutionnaire, mais
d'une campagne de marketing viral développée par l'agence
de publicité McCann-Erickson et la firme de marketing de
contenu numérique EVB à San Francisco.

Fig. 10. L'interface de *Ms Dewey* montrant le résultat d'une
recherche avec les termes « artificial life ».

Ms Dewey se présentait sous la forme d'un site Web
mettant en scène une jeune femme de couleur à l'expression
boudeuse, vêtue d'un costume serré avec un décolleté visible
et se tenant debout derrière un bureau noir brillant (Sweeney
2013). Derrière elle, comme au travers de la baie vitrée d'un
gratte-ciel, on distinguait un paysage urbain futuriste
montrant de nombreux symboles du progrès technologique.

En dessous de la scène, se trouvait un champ de recherche avec une invitation en majuscules : « MS DEWEY, JUST TELL ME ».

Le personnage de *Ms Dewey* était joué par l'actrice et musicienne américaine Janina Gavankar d'origine néerlandaise et indienne, alors âgée de 26 ans. *Ms Dewey* attendait impatiemment et si un temps trop long s'écoulait, elle se livrait à des plaisanteries et des relances insistantes du genre : « Hellloooo... type something here! »

Lorsque l'utilisateur tapait enfin quelques mots clés, une liste de résultats s'affichait dans une fenêtre translucide sur le côté droit de l'écran. Seules quelques lignes étaient visibles sans défilement en raison de l'espace d'affichage limité. Toutefois, ces résultats semblaient secondaires comparés aux activités hypnotisantes de *Ms Dewey* qui remplissait plus de la moitié de l'écran.

Parfois, le personnage incarnant la jeune bibliothécaire sexy en profitait pour jouer une mini-scène mettant en avant les résultats de recherche. L'effet de récompense aléatoire du déblocage de ces scènes cachées explique en partie l'engouement qui poussait l'utilisateur à effectuer de nouvelles recherches, même s'il n'en avait pas réellement besoin. Dans certains cas, *Ms Dewey* jouait des sketchs plus longs où elle utilisait des accessoires et des costumes.

Les interventions de *Ms Dewey* étaient savoureuses et s'appuyaient sur le talent de l'actrice. Elles étaient empruntes de références culturelles populaires, souvent avec une connotation sexuelle plus ou moins explicite, mais toujours avec humour, parfois sarcastiques. Notons qu'après l'affaire Weinstein, ce type d'humour sexiste ne serait probablement plus toléré aujourd'hui. Voici deux réparties de *Ms Dewey* à titre d'exemple :

« Personally, I like nothing better than to curl up next to a fire with a good book. » pendant qu'elle sortait une version du Kama Sutra et commençait à le lire.

« OK, Just this once. » alors qu'elle entamait une brève danse, soulevant légèrement sa chemise pour voir sa taille, comme pour commencer un strip-tease.

Voici quelques morceaux choisis dans les textes de réponse :

Wow. I feel naked.

Girls, don't let him fool you, sometimes it IS the size of the gun.

There aren't even farm animals that would do that thing, what makes you think I would?

I'm sorry, did you think it was girldoeswhateveryouwant.com?

Take off the clothes, yes, all of them. Yes, your socks too.

For God's sake search something interesting.

You know when I first saw you? I had a feeling you were going to type in something like that.

Ones and zeros, ones and zeros... all the useless coding, underwear on your head, and you still couldn't create the woman of your dreams. Poor you.

Shine on you crazy diamond. (Pink Floyd)

Puts the One Ring on and off her finger until she gets bored and throws it away. (Lord of the Rings)

Of course I took the blue pill... (The Matrix)

It's amazing how much money people get paid for doing stupid things.

Au niveau technique, le site utilisait essentiellement la technologie *Flash* alors en vogue. L'interface faisait appel directement au moteur de recherche Windows Live Search de Microsoft. Avec les boucles de chargement de l'interface et d'attente, les scènettes scriptées et déclenchées sur mots clés, c'est environ 600 vidéos qui avaient été filmées pour répondre aux requêtes des utilisateurs.

L'expérience *Ms Dewey* a été éphémère, puisqu'elle a duré moins de trois ans, de 2006 à 2009. Provocante et controversée, *Ms Dewey* est néanmoins restée dans les mémoires comme un exemple particulièrement réussi de communication virale, en particulier grâce à son personnage et la qualité de la réalisation.

Watson l'incollable

Après la victoire de *Deep Blue* sur le champion du monde d'échecs Garry Kasparov en 1997, IBM se mit à la recherche d'un nouveau challenge en IA. Mais ce ne fut qu'en 2004, que le responsable de la recherche Charles Lickel suggéra l'idée du jeu *Jeopardy !*

Le projet *Watson* démarra effectivement en 2005 avec à sa tête David Ferrucci, le chef du département d'analyse et d'intégration sémantiques. Le nom ne provient pas du célèbre assistant de Sherlock Holmes, mais du premier CEO de la firme : Thomas J. Watson. Lors des premiers essais, *Watson* ne répondait correctement qu'à environ 15 % des questions. Quatre années plus tard, l'équipe de 15 chercheurs aboutit à une architecture qui surpassait régulièrement les humains. En 2011, *Watson* se retrouva alors officiellement face à d'anciens vainqueurs du jeu et remporta la première place.

Jeopardy ! est une véritable institution aux États-Unis depuis 1964. Il s'agit d'un jeu télévisé où plusieurs candidats s'affrontent en répondant à des questions de culture générale. L'adaptation française du jeu est « Questions pour un champion ». Dans un premier temps, l'un des joueurs choisit un thème. L'animateur énonce alors une série d'information afin de deviner de qui ou de quoi il s'agit. Le candidat qui appuie le premier sur un gros bouton rouge peut alors proposer une réponse. Chaque bonne réponse lui rapporte la somme qu'il a misée, chaque erreur la lui fait perdre. Le gagnant est celui qui a gagné le plus d'argent pendant l'émission.

Voici deux exemples de problèmes auxquels *Watson* a été confronté lors de sa victoire historique. Dans le premier cas, le thème concernait les personnages de littérature. Les informations données par l'animateur furent les suivantes : « Wanted for general evil-ness. Last seen at the tower of Barad-dur. It's a giant eye, folks. Kinda hard to miss. » *Watson* trouva sans difficulté la bonne réponse : Sauron.

Le second exemple est un cas où, à l'inverse, *Watson* ne trouva pas la réponse correcte. Le thème concernait les mots à double sens. L'animateur donna l'information suivante : « Stylish elegance, or students who all graduated in the same year. » Cette fois, *Watson* se trompa en sélectionnant le mot « Chic » alors que la bonne réponse était « Class ».

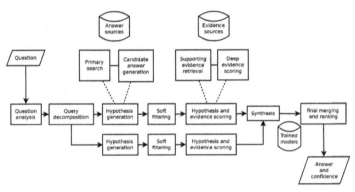

Fig. 11. L'architecture initiale *DeepQA* sert de base au système *Watson*. Sur ce schéma seulement deux hypothèses sont représentées, mais il peut y en avoir beaucoup plus.

Watson repose initialement sur la technologie *DeepQA* développée par David Ferruci et son équipe ainsi que plusieurs collaborations universitaires (Ferruci 2010). Alors qu'une recherche classique s'effectue par quelques mots clés et retourne une liste de documents classée par ordre de pertinence ou de popularité, *DeepQA* part d'une question exprimée en langage naturel, l'analyse en détail et retourne une réponse précise.

Watson ne repose pas sur un unique algorithme qui se voudrait supérieur à tous les autres. Au lieu de cela, il utilise en parallèle plusieurs méthodes différentes pour trouver la bonne réponse. Plus une même réponse est sélectionnée par différentes voies, plus celle-ci obtient un score élevé. Une fois qu'une liste des réponses candidates a été établie, *Watson* évalue alors leur pertinence et propose la plus probable.

Contrairement à un humain, *Watson* a des difficultés à « comprendre » le contexte de la question. De ce fait, il est généralement plus lent, surtout sur des sujets à réponses évidentes et courtes. Il compense cette faiblesse par son approche multiple, qui fonctionne mieux sur des sujets complexes.

Afin de pallier le problème de rapidité nécessaire pour gagner au jeu, *Watson* anticipe en actionnant le buzzer dès qu'il obtient une réponse candidate avec une bonne probabilité de succès. Ainsi il arrive à prendre de vitesse les humains qui eux, attendent généralement d'être certains de leur réponse. En outre, *Watson* n'est absolument pas affecté par les tactiques de déstabilisation psychologiques des joueurs qui changent de sujet pour chaque question.

Pour accélérer l'analyse des données, *Watson* employait à l'époque un cluster de 90 serveurs, chacun doté de processeurs multicore et d'une imposante mémoire vive. En effet, l'ensemble des bases de données était stocké directement en mémoire pour ne pas ralentir les processus de calcul. Celles-ci comprenaient pour l'épreuve des encyclopédies, dictionnaires, thesaurus, ontologies, taxinomies, articles de presse et œuvres de littérature.

Trois ans après la victoire de 2011, IBM annonça la création d'une « business unit » afin de commercialiser les services *Watson* pour les entreprises. Aujourd'hui, l'IA d'IBM est devenue l'un des piliers de sa stratégie avec des applications dans le domaine de la santé, de l'administration, de l'éducation, du marketing et de la finance. Dans son offre, *Watson* propose le développement de chatbots à usage professionnel « en moins de dix minutes ». Sans programmer, de manière interactive sous la forme de menus, *Watson* permet de créer des intentions (*intents*) qui représentent des catégories de sujets, des entités (*entities*) qui, par exemple, représentent des objets à retourner pour un service de réclamations, des règles d'enchaînements et de dialogues proposant des réponses.

Siri l'assistant vocal

Siri ne fut pas le premier assistant personnel disponible sur mobile, mais il marque indéniablement une étape importante dans l'histoire des chatbots. En effet, *Siri* intégrait d'emblée l'ensemble des caractéristiques importantes qui vont devenir par la suite les fonctions essentielles d'un chatbot :

(1) La capacité de *converser en langage naturel* avec un utilisateur.

(2) Un *accès au profil de l'utilisateur* permettant une meilleure gestion contextuelle.

(3) Un *interfaçage avec des services* d'information et d'achat en ligne.

En outre, *Siri* intégrait un système relativement performant de synthèse et de reconnaissance vocale basé sur la technologie Nuance Communication afin d'établir un dialogue sans utiliser le clavier virtuel du mobile. Son nom est d'origine norvégienne et signifie quelque chose comme « une jolie femme qui vous guide vers la victoire ».

Siri était à l'origine une start-up issue du SRI (SRI 2013) et plus particulièrement du projet CALO (*Cognitive Assistant that Learns and Organizes*) financé par l'agence américaine de défense DARPA (*Defense Advanced Research Projects Agency*). L'équipe fondatrice comprenait Dag Kittlaus, Adam Cheyer et Tom Gruber. Tout d'abord proposée en application sur l'Appstore, elle fut ensuite acquise par Apple pour être intégrée directement dans son système d'exploitation iOS.

Un des avantages de *Siri* est qu'il est capable d'apprendre dans une certaine mesure. Les requêtes sont exprimées en langage naturel et interprétées grâce au système de reconnaissance vocale. Plus vous l'utilisez en corrigeant les inévitables erreurs d'interprétations, plus *Siri* s'améliore. Plutôt que d'effectuer les traitements sur le téléphone, *Siri* communique avec un serveur dans le « Cloud » Apple pour interpréter la requête et l'exécuter. Chaque message transmis est sécurisé, identifié, daté, et possède un degré de confiance associé.

Fig. 12. L'interface de *Siri* ne comporte pas d'avatar, juste un espace de dialogue.

Comme *Siri* a accès aux données stockées sur le smartphone, le programme peut effectuer des connexions contextuelles simples entre les informations de l'agenda, des contacts, de la géolocalisation, etc. Il possède également des interfaces spécifiques avec plusieurs services Web pour, par exemple, réserver une table dans un restaurant ou un voyage. Pour des recherches plus générales, il utilise le moteur de recherche Bing de Microsoft ou d'autres services comme Wolfram Alpha selon les cas.

Siri est donc essentiellement un système d'analyse de requêtes exprimées en langage naturel et de délégation vers des services *ad hoc*. Il est également capable d'engager de courtes discussions. Si on lui demande par exemple «Quel est le sens de la vie ?», il peut répondre de plusieurs manières dont certaines avec humour comme «Je dirais vertical» ou une autre phrase sélectionnée dans une liste prédéfinie associée à ce type de question.

Siri fut relativement bien accueilli du fait de sa facilité d'utilisation et de sa personnalité transparente. Il a été rapidement adapté au niveau de chaque pays en sélectionnant des voix avec les accents locaux. La reconnaissance vocale étant délocalisée, son utilisation par un nombre grandissant d'utilisateurs permet là aussi d'améliorer la fiabilité du système.

Siri est l'assistant le plus connu du fait de sa disponibilité dès 2011 en standard sur les plateformes mobiles d'Apple. Les créateurs de *Siri* ont annoncé en 2016 un nouvel assistant baptisé *ViV* qui pousse plus loin l'intégration de services et préfigure une nouvelle approche du «commerce conversationnel». Cette tendance est devenue en effet prépondérante et les plus grandes entreprises de l'Internet ont depuis proposé leur propre assistant personnel pour prendre une part significative sur ce nouveau marché. C'est ainsi le cas pour Amazon avec *Alexa*, Facebook avec *M* sur *Messenger*, *Google Assistant* sur les mobiles Android, Microsoft *Cortana*, et bien d'autres encore.

Références

Ferruci, D., et. al, 2010. Building Watson : An Overview of the DeepQA Project, *AI Magazine*, AAAI, Fall 2010, 59–79.

Garber, M. 2014. *When PARRY Met ELIZA: A Ridiculous Chatbot Conversation From 1972*, The Atlantic.

SRI, 2013. *Personalized Assistant that Learns (PAL)*, SRI

International reports, pal.sri.com

Sweeney, M.E., 2013. *Not just a pretty (inter)face: A critical analysis of Microsoft's 'Ms. Dewey'*, University of Illinois.

Wallace, R.S., 2009. The Anatomy of A.L.I.C.E., in *Passing the Turing test*, London: Springer Science+Business Media, 181–210.

Weinzenbaum, J., 1966. ELIZA: A Computer Program For the Study of Natural Language Communication Between Man and Machine, *Communications of the ACM*, vol. 9, 36-45.

4

Chronologie des chatbots

Dans cette section, nous proposons une chronologie de l'évolution des agents conversationnels depuis les origines jusqu'à la parution de cet ouvrage. Celle-ci n'est évidemment pas exhaustive compte tenu du nombre considérable de chatbots et de plateformes de développement disponibles. Elle permet toutefois de mettre en évidence quatre grandes périodes successives que nous appelons : le temps des *origines* avant 1950, le temps des *précurseurs* de 1950 à 1980, le temps des *artisans* de 1980 à 2010, et le temps des *géants* après 2010.

Le temps des origines

Paléolithique : *Shaman*
Le shaman d'une tribu primitive entrait en contact avec le monde spirituel lors d'un rituel et pratiquait alors divinations et prophéties.

~1500 avant J.-C. : *Oracles égyptiens*
Un oracle était une requête faite à un dieu pour répondre à une question, par oui ou par non, au travers de sa statue.

~800 avant J.-C. : *Pythie*
La plus connue des prêtresses du temple d'Apollon à Delphes qui pratiquait les oracles.

1305 : *Ars Magna* – Ramond Lulle
Une machine constituée de cercles concentriques rotatifs qui permettait de combiner des symboles pour générer toutes les vérités possibles sur un sujet de réflexion ou une question.

1783 : *Têtes parlantes* – Abbé Mical
L'abbé créa deux têtes parlantes et les présenta à l'Académie des Sciences à Paris.

1927 : *Televox* – Roy Wensley
Le premier robot androïde conçu par la société Westinghouse Electric capable de dialoguer avec un utilisateur au travers d'un combiné téléphonique. Il fut suivi par *Elektro* dix ans plus tard.

Le temps des précurseurs

1950 : *Test de Turing* – Alan Turing
Le scientifique anglais publiait son article *Computing Machinery and Intelligence* qui introduisait un test d'intelligence basé sur le langage permettant de comparer un ordinateur et un humain.

1966 : *Eliza* – Joseph Weizenbaum
Le premier agent conversationnel simulant un psychiatre était développé au MIT.

1968 : *Hal* – Stanley Kubrick et Arthur Clarke
Le personnage de l'ordinateur paranoïaque HAL 9000 dans le film de Stanley Kubrick *2001 – L'odyssée de l'espace* a grandement influencé la recherche.

1972 : *Parry* – Kenneth Colby
Un chatbot simulant un patient schizophrénique et paranoïaque qui dialogua avec *Eliza* au travers du réseau Arpanet.

Le temps des artisans

1981 : *Jabberwacky* – Rollo Carpenter
Développé au départ sur un Sinclair ZX81, ce chatbot se distingua par son sens de l'humour.

1986 : *PC Therapist* – Joseph Weintraub
Un chatbot sur le principe d'*Eliza* qui utilisait un humour

inspiré par Woody Allen. Il remporta quatre fois le prix Loebner dont le premier en 1991.

1990 : *Prix Loebner* – Hugh Loebner
Création du prix Loebner, un concours annuel pour récompenser le chatbot le plus humain sur la base d'un test inspiré par celui d'Alan Turing.

1991 : *Dr Sbaitso* – Creative Labs
Un chatbot de type *Eliza* avec synthèse vocale pour MS-DOS disponible sur les cartes son de la société Creative Labs.

1994 : *Chatterbot* – Michael Mauldin
Le terme « chatterbot » est utilisé pour la première fois par Michael Mauldin lors du développement de *Verbot* (*Verbal-Robot*) et d'un SDK d'IA pour Windows.

1995 : Infobot – Kevin Lenzo
Un chatbot développé en PERL pour messagerie instantanée IRC qui mémorise les URL en les associant à une description.

1995 : *Albert One* – Robby Garner
Un chatbot composé de plusieurs personnalités, dont une version d'*Eliza*, organisées hiérarchiquement. Il a remporté le prix Loebner en 1998 et 1999.

1995 : *Alice* – Richard Wallace
Une plateforme de création de chatbot baptisé *Alice* (*Artificial Linguistic Internet Computer Entity*) ou *Alicebot*, basée sur le langage AIML (*Artificial Intelligence Markup Language*). *Alice* a remporté le prix Loebner en 2000, 2001 et 2004

1996 : *Hex* – Jason Hutchens
Un chatbot inspiré d'*Eliza* qui gagna le prix Loebner cette année-là.

1998 : *MegaHall* – Jason Hutchens
Un chatbot populaire grâce à son sens de l'humour. Il est capable d'apprendre de nouveaux mots ou des tournures de

phrase lors des conversations.

2001 : *Smarterchild* – ActiveBuddy
Le premier chatbot sur les messageries AOL Instant Messenger et MSN Messenger incluant l'accès à des services comme les actualités, la météo, les cours de bourse, les pages jaunes, etc.

2001 : *Eugene Goostman* – Vladimir Veselov, Eugene Demchenko, and Sergey Ulasen
Un chatbot simulant un jeune ukrainien de 13 ans sans véritables connaissances générales qui fait des fautes d'orthographe.

2002 : *SitePal* – Oddcast
Une offre en ligne d'employés virtuels pour accueillir et guider les visiteurs sur les sites Web. Ils sont incarnés par un avatar animé et un système de synthèse vocale.

2002 : *Virtuoz* – Alexandre Lebrun, Callixte Cauchois, Laurent Landowski
Société Leader en France pour le développement de chatbots professionnels, achetée en 2013 par Nuance.

2002 Eva – Jean-Claude Heudin
Prototype de recherche basé sur une architecture multi-agent « schizophrenic » mis en œuvre dans plusieurs projets avec des avatars 3D animés.

2002 : *SimSimi* – ISMaker
Un chatbot connu pour ses prises de position politiques en Thaïlande et ses propos controversés. Son nom provient d'un terme coréen signifiant « lassé, ennuyé ».

2003 : *Jabberwock* – Juergen Pirner
Un chatbot inspiré par un poème de Lewis Caroll qui remporta le prix Loebner cette année-là.

2005 : *George* – Rollo Carpenter
Un personnage nommé George du chatbot *Jabberwacky*, qui remporta le prix Loebner cette année-là.

2005 *Mitsuku* – Steve Worswick
Un chatbot simulant une jeune femme de 18 ans, utilisant le langage AIML et la plateforme *Pandorabots*. Il remporta le prix Loebner en 2013 et 2016.

2006 : *Watson* – David Ferrucci
Création d'une équipe au sein d'IBM pour développer une IA capable de dialoguer en langage naturel et de gagner au jeu télévisé *Jeopardy !*

2006 : *Joan* – Rollo Carpenter
Un autre personnage basé sur *Jabberwacky* nommé *Joan* qui remporta le prix Loebner cette année-là.

2006 : *Ms Dewey* – McCann-Erickson et EVB
Une assistante personnelle de recherche sur Internet basée sur plus de 600 vidéos, développée pour une communication virale pour le moteur de recherche de Microsoft.

2007 : *Ultra Hal Assistant* – Zabaware
Un assistant personnel basé sur *Wordnet* avec un avatar animé et un système de reconnaissance et de synthèse vocale. Il remporta le prix Loebner cette année-là.

2008 : *Cleverbot* – Rollo Carpenter
Une nouvelle implémentation de *Jabberwacky* utilisant des réponses non programmées, mais apprises avec l'accumulation de millions d'interactions.

2008 : *@Trackgirl* – Gregg Marra
Un script en langage *Python* qui infiltra pour la première fois une communauté sur Twitter.

2009 : *Jeeney AI* – C. J. Jones
Un chatbot développé depuis 2007 et qui remporta le prix *Best Overall Bot* du *Chatterbot Challenge*.

Le temps des géants

2010 : *Siri* – Dag Kittlaus, Adam Cheyer et Chris Brigham

L'assistant personnel d'Apple sur iPhone avec interface vocale, gestion du contexte de l'utilisateur et délégation de services.

2011 : *Watson* remporte *Jeopardy!*
Watson gagne la première place du jeu télévisé Jeopardy ! et remporte le prix d'un million de dollars.

2012 : *Angie* – XbrainSoft
Le premier compétiteur réel de *Siri* sur plateforme Windows Mobile. Il est ensuite plutôt utilisé comme assistant personnel dans le domaine automobile.

2012 : *Google Now* – Google
Un assistant personnel développé par Google sous la forme d'une application pour Android, iOS et Chrome. Il forme la base de *Google Assistant.*

2014 : *Turing 100* – Vladimir Veselov
Lors d'une compétition organisée pour le 60e anniversaire de la mort d'Alan Turing, le chatbot *Eugene Goostmann* fut annoncé par Kevin Warwick comme ayant passé avec succès le test de Turing, ce qui déclencha de nombreux commentaires et controverses.

2015 : *Alexa* – Amazon
Une plateforme de développement d'assistants personnels avec interface vocale et délégation de services. *Alexa* est disponible en particulier sur une petite enceinte acoustique connectée appelée *Amazon Echo.*

2015 : *Cortana* – Microsoft
L'assistant personnel avec interface vocale développé par Microsoft pour les plateformes mobiles et Windows 10, interfacé entre autres avec le moteur de recherche Bing.

2016 : *M* – Facebook
L'assistant personnel développé par Facebook pour la messagerie instantanée Messenger. *M* est une intelligence artificielle supervisée par des humains.

2016 : *ViV* – Dag Kittlaus, Adam Cheyer and Chris Brigham
Le nouvel assistant personnel développé par les créateurs de *Siri. ViV* est caractérisé par la compréhension de requêtes complexes et la possibilité de connecter des services au travers d'un système de plug-ins.

2016 : *Tay* – Microsoft
Un chatbot sur Twitter simulant une jeune femme américaine de 19 ans. Nommée d'après l'acronyme « thinking about you », *@TayandYou* fut stoppée seulement après 16 heures d'activité du fait de tweets politiquement incorrects.

2016 : *Jarvis* – Mark Zuckerberg
Un prototype d'assistant personnel pour la maison développé par Mark Zuckerberg en utilisant les outils d'IA Facebook. Il le nomma *Jarvis* (Just A Rather Very Intelligent System) en référence à l'IA de Tony Stark, le héros du film *Iron Man*.

2017 : *Alexa* au CES – Amazon
Le CES de Las Vegas est marqué par l'omniprésence d'*Alexa* et le nombre d'applications tierces développées pour l'assistant personnel d'Amazon. La guerre des géants de l'Internet pour imposer leur technologie d'assistant intelligent est bel et bien déclarée.

Seconde partie :
Concevoir un chatbot

5
Donner une personnalité

Une personnalité : pour quoi faire ?

Une des erreurs récurrentes lorsqu'on décide de développer un chatbot est de se focaliser sur la technologie. Elle est certes importante, car elle délimite les capacités de l'agent conversationnel, mais elle ne représente en fait qu'un moyen et non l'objectif.

La première étape d'un projet de chatbot consiste donc à établir avec le plus de précision possible l'objectif. Est-ce pour répondre aux questions de clients ? Pour vendre un produit ou un service ? Recueillir de l'information, ou pour simplement divertir ?

Un autre point très important à définir concerne la cible du projet. Qui sont les utilisateurs du chatbot ? Quels sont leurs profils types ?

Ces informations sont précieuses et elles ont un impact direct sur la conception du chatbot. En effet, les solutions sont très différentes selon les objectifs et les cibles. Ainsi, par exemple, un chatbot pour apprendre et amuser des enfants ne sera pas le même qu'un chabot destiné à renseigner des créateurs d'entreprises sur la législation en vigueur.

Nous ne ferons pas ici un cours sur une méthode de

conduite de projet permettant d'aboutir à un cahier des charges satisfaisant. Il existe de nombreux ouvrages et de tutoriels accessibles en ligne qui traitent de ce type de sujet.

Une fois l'objectif et la cible établis, il faut concevoir le personnage que va incarner le chatbot. Il en existe de nombreuses catégories. Ils peuvent être néanmoins classés en deux grandes familles : les personnages *symboliques* et les personnages *réalistes*. Les personnages symboliques sont généralement unidimensionnés, alors que les personnages réalistes sont naturellement multidimensionnés.

Les personnages symboliques personnifient une qualité propre liée à des concepts comme l'amour, la sagesse, la justice, etc. Leur origine remonte aux tragédies grecques et romaines. Ainsi, Mars, le dieu de la guerre est cruel et meurtrier. Il n'y a aucune pitié en lui, pas d'incertitude et aucune contradiction. Tout ce qui touche à la guerre et au combat peut se trouver dans la symbolique de Mars.

Les personnages réalistes sont crédibles aux yeux des utilisateurs. Ils sont définis à la fois par leur complexité et leur cohérence. D'un côté, ils ont une psychologie complexe, des attitudes, des valeurs, des émotions qui varient en fonction des situations. Toutefois, malgré les contradictions et les paradoxes qui sont les leurs, qui forment la richesse de ces personnages, ils doivent rester globalement cohérents.

Lorsque l'on souhaite marquer une différence entre plusieurs produits similaires, il peut être intéressant d'utiliser un personnage symbolique. Celui-ci va en effet rendre plus évidentes la personnalité et l'identité d'un produit par rapport aux autres. Le personnage doit alors incarner une valeur spécifique, comme par exemple la technologie, la puissance, la solidité, etc. C'est l'analyse des propriétés du produit par rapport à ses concurrents qui va donner la qualité spécifique à mettre en avant. En associant le produit ou la marque à cette qualité, on obtient ce que l'on appelle en publicité un « effet de halo » qui va pousser le consommateur à préférer la marque ou le produit par rapport à d'autres.

Néanmoins, un chatbot n'est pas un simple site Internet ou bien une application comme une autre : c'est une créature artificielle. De ce fait, il entretient une relation personnelle avec l'utilisateur au travers de conversations généralement privées. Plus la relation entre le chatbot et l'utilisateur est personnelle, empathique, plus celle-ci sera renforcée. Dans ce contexte, il est important que le chatbot soit doté d'une personnalité adaptée aux tâches que l'on souhaite qu'il accomplisse, cohérente avec son rôle et en phase avec les attentes de l'utilisateur. Nous préférons tous, en tant qu'humain, échanger avec des êtres que nous apprécions pour leurs qualités, leurs compétences, leurs connaissances, leur physique, etc. C'est cette personnalité qui va lui donner une « véritable existence » et sa crédibilité.

Qu'est-ce que la personnalité ?

Il est difficile de définir exactement ce qu'est la personnalité tant la notion est floue et complexe. C'est la combinaison des comportements, des attitudes, des émotions d'un individu et de bien d'autres caractéristiques encore. On l'attribue évidemment aux humains et parfois aux animaux. Elle est également omniprésente dès que l'on parle de personnages artificiels pour la fiction, quelle que soit sa forme : romans, bandes dessinées, séries, films, jeux vidéo, etc.

L'étymologie permet de mieux en appréhender le sens. Il provient du terme latin *Persona*, un dérivé de l'étrusque et du grec ancien. Le mot était utilisé à l'origine pour désigner les masques que portaient les acteurs. De ce point de vue, il représentait déjà une sorte d'interface entre le public et l'acteur, un symbole de son rôle. Artifice d'un théâtre d'effigie, il présentait les trois particularités suivantes :

(1) Grâce au masque, le public pouvait prédire l'action du comédien et son rôle dans l'action.

(2) Il n'existait qu'un nombre limité et défini de masques

possibles.

(3) Chaque acteur ne pouvait utiliser qu'un seul masque dans une représentation.

Aujourd'hui, la personnalité est souvent définie comme un ensemble non exhaustif de caractéristiques qui constituent l'individualité d'une personne. C'est le «noyau stable» d'un individu qui le définit en tant qu'être avec son originalité et ses spécificités. On admet qu'il est à la fois dépendant de la génétique et tout autant issu de l'histoire personnelle dans l'environnement social et culturel.

Les différentes formes de personnalités

Depuis toujours, on a cherché à comprendre les différents types de caractère. Au Moyen-Âge et à la Renaissance, on pensait que le corps humain se divisait en quatre éléments, ou humeurs, de la même manière que le monde physique comporte quatre éléments différents que sont la terre, l'air, le feu et l'eau. Ces humeurs comprenaient l'atrabile ou bile noire, le sang, la bile jaune, et le flegme. Chaque tempérament était déterminé par la prédominance de l'une de ces humeurs.

Plus récemment, la psychologie a effectué une réinterprétation complète des types de personnalité. Ainsi, Carl Jung (1875-1961) a proposé que la plupart des individus tendent soit à l'introversion, soit à l'extraversion. L'extraverti se focalise sur le monde extérieur tandis que l'introverti se focalise sur sa vie intérieure. Les extravertis sont à l'aise dans la foule, établissent facilement des relations avec les autres, apprécient les fêtes et le monde en général. Les introvertis sont solitaires, poursuivent des activités telles que la lecture ou la méditation. Leur centre de vie est orienté vers l'intérieur plutôt que l'extérieur.

Il existe de nombreux modèles psychologiques qui tendent à définir les personnalités. L'un des plus connus et utilisés est celui des *Big Five* (McCrae 1992) qui définit cinq traits centraux de la personnalité humaine empiriquement proposé par Goldberg en 1981, puis développé par Costa et McCrae entre 1987 et 1992. Les cinq traits sont les suivants :

(O) *Ouverture* : appréciation de l'art, de l'émotion, de l'aventure, des idées peu communes, de la curiosité et de l'imagination.

(C) *Conscienciosité* : l'autodiscipline, le respect des obligations, organisation plutôt que spontanéité, être plutôt orienté vers des buts.

(E) *Extraversion* : énergie, émotions positives, tendance à chercher la stimulation et la compagnie des autres, fonceur, communicant.

(A) *Agréabilité* : c'est la tendance à être compatissant et coopératif plutôt que soupçonneux et antagonique envers les autres.

(N) *Neuroticisme* : le contraire de la stabilité émotionnelle. C'est la tendance à éprouver facilement des émotions désagréables comme la colère, l'inquiétude ou la dépression, la vulnérabilité.

Les modèles psychologiques sont intéressants à connaître, mais ils n'ont pas été élaborés dans le but de concevoir des personnages artificiels. Pour cela, il faut s'en remettre à des approches plus empiriques.

Créer un personnage crédible

Afin de définir la personnalité d'un chatbot, une approche simple et efficace est de reprendre la méthode proposée par les écrivains et les scénaristes : créer une « fiche personnage ». Il s'agit d'une liste de caractéristiques qui décrit le plus précisément possible le personnage. Il n'existe pas de modèle qui fasse l'unanimité, mais on retrouve généralement un noyau de caractéristiques communes :

L'identité regroupe les informations principales du personnage. Il s'agit en quelque sorte d'une carte d'identité : nom, prénoms, surnoms, âge, date et lieu de naissance, sexe, nationalité, adresse, signes particuliers, etc. Cette liste est donnée à titre d'exemple pour un personnage humain. Pour d'autres types de personnages, il convient de l'adapter en ajoutant les rubriques adaptées. Pour un personnage de fantasy, il faudrait probablement ajouter l'espèce, si c'est un elfe ou un orque par exemple, et tout ce qui serait nécessaire pour le distinguer des autres créatures.

L'apparence physique est aussi très importante, même si le personnage ne sera pas représenté graphiquement. Au niveau visuel, ce sont les détails qui sont le plus souvent importants : forme et couleur des yeux, lunettes, couleur et longueur des cheveux, coiffure, couleur de peau, taille, poids, forme du visage, silhouette générale, musculature, signes distinctifs, santé, style vestimentaire, maquillage, etc. Pour une créature non humaine, il faudrait ici aussi adapter les caractéristiques.

Le profil émotionnel définit le caractère du personnage. Est-il plutôt extraverti ou introverti ? Est-il colérique ou bien plutôt taciturne ? Une manière de décrire ce profil est de se baser sur un modèle émotionnel existant. Il en existe plusieurs, comme nous le verrons plus loin à propos des émotions.

Les préférences culturelles et sociales donnent un ensemble d'informations précieuses sur le personnage. Il s'agit ici de regrouper certains choix individuels concernant par exemple la religion, les opinions politiques, les goûts culinaires, les goûts musicaux, les livres ou les films préférés, les loisirs, le sport, l'appartenance à des groupes ou des associations, etc. D'une manière générale, on peut inclure tout ce que le personnage aime et, à l'inverse, ce qu'il déteste.

Le rôle et les compétences définissent le rôle social, c'est-à-dire le métier principal et les compétences professionnelles du personnage. C'est son *curriculum vitae* en quelque sorte. On précise généralement le métier, les langues parlées, les études, les diplômes obtenus, et globalement tout ce qu'il sait bien faire.

La famille a évidemment une influence très importante sur la personnalité. Vous pouvez même faire un arbre généalogique si besoin, sans pour autant détailler le caractère de chaque individu. Cette liste peut être étendue à toutes les personnes importantes du point de vue relationnel : meilleurs amis, collègues, patrons, etc.

L'historique, que l'on appelle parfois « background », est ce qui fonde le caractère du personnage. Le passé est ce qui nous rend « vrais ». Sans notre passé, nous ne sommes personne. N'hésitez pas à imaginer l'histoire du personnage depuis sa naissance. Elle est constituée par l'ensemble des expériences passées qui ont marqué son existence. Ces événements expliquent généralement les raisons des choix et des comportements face à des situations spécifiques, comme les désirs, la peur, etc.

Comme nous l'avons souligné, il n'y a pas de méthode infaillible pour créer un personnage artificiel, qu'il soit inspiré du réel ou totalement imaginaire. Dans tous les cas, il ne peut exister dans le néant. Il est normalement le produit de son histoire dans son environnement. Établir une fiche personnage est un bon début. Ensuite, pour vérifier sa crédibilité, il est utile d'établir une liste de 10 à 20 adjectifs qui le caractérisent, en prenant soin de mettre des qualités et des défauts. Il est également intéressant d'essayer de répondre à des questions comme par exemple : comment se voit le personnage ? Quelle est sa réputation ? Comment les autres le voient-ils ? Pourquoi est-il connu ou inconnu ? Pourquoi on l'apprécie ? Pourquoi on le déteste ? Ses défauts et ce qu'il fait pour devenir meilleur ? Comment se comporte-t-il avec ses proches ? Avec les inconnus ? Ses rêves les plus chers ? Ses ambitions ? Son plus grand succès et son plus grand échec ? Ses peurs ? Ce qu'il ne dit jamais à personne ? Ce dont il a honte et ce dont il est fier ?

Références

McCrae, R.R., John, O.P., 1992. An introduction to the five-factor model and its applications, *Journal of Personality*, 60 (2), 175–215.

6

Créer un avatar

Qu'est-ce qu'un avatar ?

Une manière complémentaire de donner une personnalité à un chatbot, de l'incarner dans un personnage, consiste à lui donner une représentation visuelle : un avatar.

Dans le langage courant, « avatar » est utilisé pour indiquer la transformation de quelque chose ou quelqu'un, mais le plus souvent de façon abusive pour désigner les aventures ou les mésaventures d'une personne. Ces généralisations masquent le véritable sens.

Le terme « avatar » provient du mot sanskrit *avatâra* qui au sens propre signifie « descente » (Heudin 2009). Il s'agit de l'incarnation corporelle d'une entité supérieure dans le monde des mortels pour accomplir une tâche précise. Initialement, le terme a été utilisé dans la croyance hindoue pour les incarnations de Vishnou, le dieu suprême. Les dix avatars les plus connus de Vishnou apparaissent dans le *Garuda Purana*. Ils sont appelés collectivement les *desavatara*, *desa* signifiant « dix » en sanskrit. Il s'agit, dans l'ordre, de *Matsya* à l'apparence d'un poisson, *Kurma* la tortue, *Varaha* le sanglier, *Narasimha* mi-homme mi-lion, *Vamana* le nain, *Rama* le prince et roi d'*Ayodhya*, *Parshurama* ou *Rama* avec une hache, *Krishna* la déesse à la peau sombre, *Gautama* le Bouddha, « l'Éveillé », et *Kahli* le destructeur des fautes qui doit apparaître à la fin du monde. Il existe bien d'autres exemples d'avatars dans la tradition hindoue.

Dans notre monde moderne technologique, les avatars sont les représentations visuelles des utilisateurs sur Internet ou dans les jeux vidéo. Un avatar peut avoir de multiples formes : simple icône graphique, photographie, personnage fixe ou animé. Cet emprunt aux traditions hindouistes s'explique en partie par le parallèle que l'on peut mettre en évidence : l'homme, démiurge des mondes virtuels, utilise une enveloppe numérique pour s'immerger dans un univers qu'il a créé.

Au départ, il s'agissait de représenter l'utilisateur dans les services communication instantanée sur Internet. Le principe a été inventé par le Finlandais Jarkko Oikarinen en 1988 puis s'est développé rapidement jusqu'aux messageries actuelles de type Messenger. Un des principes consistait à assurer la confidentialité des échanges par l'intermédiaire d'un pseudonyme qui permet de masquer l'identité des interlocuteurs. Assez rapidement, une représentation graphique de l'utilisateur a été adjointe au « pseudo » afin d'améliorer l'ergonomie des interfaces.

Parallèlement, les premiers avatars numériques sont apparus dans les années 1980 avec le développement des techniques de création d'images de synthèse et la réalité virtuelle. Au début très simples, ils ont rapidement progressé jusqu'à permettre la représentation d'humains virtuels très réalistes. Ils sont aujourd'hui employés très largement dans les jeux vidéo.

Communication verbale et non verbale

Avec un seul regard échangé avec votre interlocuteur, vous avez compris ce qu'il pensait et les paroles étaient devenues inutiles...

Selon une étude publiée en 1967, la communication non verbale, c'est-à-dire ne passant pas par les mots, représenterait la principale source d'information : seulement 7 % du langage passe par les mots, 38 % par le ton, le timbre et l'intonation de la voix et 55 % par le langage du corps (Mehrabian 1967).

Dans un échange, le regard, l'intonation, la position du

corps, etc., renforcent le message ou bien au contraire le contredit. Ils peuvent dans certains cas transformer la teneur même des messages que s'envoient les interlocuteurs.

La communication non verbale regroupe de nombreux phénomènes conscients et inconscients, tous aussi importants et qui révèlent l'état d'esprit et les émotions qui animent les interlocuteurs. Voici les plus évidents :

Le regard et le *contact visuel* représentent probablement l'un des éléments parmi les plus importants. Ne dit-on pas que les yeux sont le miroir de l'âme ? Ainsi, un regard fuyant ou qui s'intéresse à autre chose dans l'environnement envoie un message de désintérêt ou de manque de confiance en soi. À l'inverse, un regard focalisé sur le visage montre un intérêt et une certaine assurance. La durée moyenne d'un contact visuel est d'environ trois secondes. Plus court, il met souvent en évidence un manque de confiance et la peur d'être jugé. Plus long, il affirme plutôt de la volonté et l'intérêt dans la discussion. Les yeux vers le haut peuvent être le signe d'une certaine exaspération, vers la gauche la manifestation du mensonge ou de la dissimulation.

Les *expressions du visage* sont les messages parmi les plus explicites envoyés à un auditoire. Avec le regard, elles participent pleinement dans l'expression des émotions. Ainsi, un froncement des sourcils marque le mécontentement ou une remise en cause de l'échange, un sourire en coin révèle un manque de sérieux ou d'intérêt. À l'inverse, un sourire franc et les yeux grands ouverts expriment une ouverture d'esprit et renforcent l'empathie.

Le *timbre* et le *volume de la voix*, tout comme l'élocution, ou bien encore l'accent, sont autant d'informations qui viennent compléter les mots pour communiquer. Une bonne prononciation et un timbre clair sont les signes d'une personnalité sociale assumée, alors qu'une voix à peine audible et hésitante indique de l'anxiété. Bien souvent, les émotions et la psychologie d'une personne transparaissent dans sa voix.

La *posture du corps* donne également de nombreuses indications sur la psychologie d'une personne lorsqu'elle s'exprime. Certaines postures sont volontaires, mais beaucoup sont adoptées involontairement et trahissent l'état d'esprit d'un individu. Ainsi, de simples gestes comme croiser les bras ou les jambes peuvent indiquer une fermeture au monde ou une opposition à un message. À l'inverse, écarter les bras est perçu comme une ouverture et une invitation. Se tenir droit est un signe d'assurance et de volonté, alors qu'un dos courbé démontre plutôt un état de soumission.

Les *mouvements du corps*, selon leur rythme et leur amplitude, renvoient des signes très différents. Ainsi, une personne sous pression ou anxieuse a tendance à effectuer des mouvements saccadés et rapides alors qu'une personne à l'aise prendra son temps avec des gestes précis.

Les *vêtements et accessoires* sont des indicateurs riches d'informations sur une personne. Certaines tenues indiquent par exemple clairement l'origine géographique, sociale ou bien encore le métier. Certaines couleurs, selon les cultures, véhiculent également des messages. Ainsi le blanc est souvent perçu en occident comme un symbole de pureté ou associé au mariage, au contraire du noir qui est associé au deuil.

La communication non verbale fait passer des messages aussi efficacement que les mots que l'on prononce. Souvent, les interlocuteurs réagissent inconsciemment aux signes qu'ils émettent durant leur discussion. Elle ajoute donc une dimension supplémentaire au message verbal qui peut le renforcer, le nuancer, où à l'inverse, le contredire. Lorsque l'on conçoit un avatar, tous ces éléments sont à prendre en considération de manière à ce que la représentation visuelle du personnage soit en accord avec sa personnalité.

Faut-il forcément un avatar ?

Un avatar permet de compléter la communication verbale effectuée au travers des dialogues par une communication non verbale. L'échange ne repose donc plus seulement sur les mots, mais comme nous venons de le voir, aussi sur les gestes, les attitudes, les expressions faciales, ainsi que d'autres signaux comme les couleurs, les vêtements, etc., qui véhiculent autant d'informations interprétées par le cerveau de l'utilisateur. Dans ce contexte, les émotions tiennent évidemment une place prépondérante. Nous reviendrons sur ce point lors du prochain chapitre.

La représentation graphique du personnage n'est toutefois pas une nécessité absolue. En effet, le choix peut être de laisser l'utilisateur imaginer sa propre représentation, comme le lecteur construit sa propre vision mentale des personnages dans un roman. Un exemple frappant est celui de l'IA *Samantha* dans le film *Her* de Spike Jonze de 2013 qui n'est jamais représentée sous une forme humaine, ou sous toute autre forme d'ailleurs. Toutefois, la voix de Scarlett Johansson est essentielle et l'on ne peut s'empêcher d'imaginer *Samantha* sous les traits de l'actrice.

La décision d'opter pour une représentation visuelle, *a forciori* si elle est animée, doit être mûrement réfléchie et justifiée en tenant compte du contexte de l'application. En effet, la création d'un avatar nécessite un développement conséquent qui peut se révéler assez coûteux. Ce n'est donc pas une tâche anecdotique. L'avatar contribue pleinement au sens des messages qui sont échangés. Dans le cas d'une application marketing ou commerciale, le chatbot va représenter la marque et devenir un ambassadeur de l'entreprise et de ses produits. Il faut donc apporter un grand soin à sa création en adoptant une charte graphique, un style, une technologie, etc., qui vont servir la marque tout en étant adaptés à la cible. Une des difficultés dans ce contexte réside dans l'utilisation de codes visuels et verbaux trop institutionnels, ce qui peut conduire à des personnages stéréotypés avec des discours « corporate » rapidement caricaturaux pour l'utilisateur.

Les différentes formes d'avatars

Il existe une infinité de manières de représenter visuellement un personnage. L'histoire de l'art nous montre l'évolution des représentations en fonction des époques et des cultures. Il existe également une multitude de styles et de techniques graphiques. Nous ne mentionnerons donc ici que quelques formes d'avatars qui ont déjà été utilisées pour des chatbots.

Fig. 13. Le chatbot *Mitsuku* avec son avatar sous la forme d'une icône fixe sur Messenger.

Une *icône fixe* (non-animée) représente la forme la plus simple de représentation visuelle d'un chatbot. Les icônes sont utilisées en particulier dans les messageries instantanées. Il s'agit le plus souvent d'une petite image de quelques dizaines de pixels de côté. Une photographie peut être utilisée, mais la résolution réduite aboutit généralement à une image dégradée, parfois même difficile à identifier. Dans le cas d'un symbole ou d'une représentation plus graphique, il est préférable de créer l'icône avec une approche qualifiée de « pixel art ». Il s'agit de concevoir l'image directement au niveau de ses pixels et en utilisant un nombre limité de couleurs, de manière à maîtriser le rendu graphique et éviter ainsi les inévitables déformations dues à un changement d'échelle.

Fig. 14. Avatars vectoriels générés par un algorithme génétique réalisé par l'auteur et une équipe d'étudiants.

Les *avatars vectoriels* sont utilisés pour des représentations figuratives de tailles plus importantes, généralement de plusieurs centaines de pixels de côté. En outre, l'approche vectorielle permet d'obtenir des avatars dont on peut facilement modifier l'échelle pour l'adapter à des écrans de tailles différentes. Ce sont les avatars les plus répandus pour les chatbots du fait de leur coût de développement raisonnable. Toutefois, une représentation visuelle plus définie du personnage pour une application professionnelle implique une réelle phase de création afin d'être en tous points conforme à l'image que l'entreprise souhaite donner.

Les *avatars animés* représentent une classe d'avatars plus complexe, car ils permettent de modifier l'apparence du personnage en fonction des situations. C'est en particulier nécessaire pour représenter efficacement les émotions. Ils nécessitent donc un développement plus important que les avatars fixes. Une des difficultés concerne le «lipsync», autrement dit la synchronisation du mouvement des lèvres avec les phrases du chatbot, en particulier si celui-ci utilise une voix de synthèse.

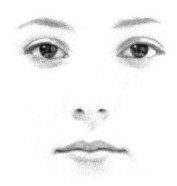

Fig. 15. Avatar animé à base de photos pour l'expression des émotions (ici neutre) réalisé par l'auteur et ses étudiants.

Les *avatars 3D* sont des personnages conçus avec des outils permettant la modélisation en trois dimensions et l'animation.

Fig. 16. Un avatar 3D réalisé par l'auteur et ses étudiants dans le cadre du projet *Eva*.

Très utilisée pour les jeux vidéo et les films d'animation, cette approche permet d'obtenir des avatars des plus simples aux plus sophistiqués, jusqu'à des personnages réalistes. Toutefois, le coût de développement reste la plupart du temps un obstacle à leur utilisation plus large dans les applications de chatbot.

Les *avatars vidéo* sont conçus comme un ensemble de vidéos qui présente le même personnage dans les principales situations. Pour obtenir une qualité professionnelle, il est généralement nécessaire de faire appel à un acteur et une équipe de production. Outre le coût de réalisation, cette approche se heurte à la combinatoire des cas qui peuvent se produire lors d'une interaction avec un chatbot.

Fig. 17. L'avatar vidéo de *Ms Dewey* attirant l'attention de l'utilisateur pour qu'il s'intéresse à elle.

Comme nous le verrons plus loin, le mieux est souvent l'ennemi du bien. Il faut veiller en effet à la crédibilité de l'avatar. Ainsi, il vaut mieux un avatar simple qu'un personnage réaliste, mais présentant des défauts du fait de la complexité de réalisation au niveau graphique et comportemental.

Références

Heudin, J.-C., 2009. *Robots & Avatars : le rêve de Pygmalion*, Paris : Odile Jacob.

Mehrabian, A., Wiener, M., 1967. Decoding of Inconsistent Communications, *Journal of Personality and Social Psychology*, 6 (1): 109–114.

7

Un personnage inoubliable

Un personnage neutre ou marquant ?

Imaginer un personnage crédible est une chose. Mais comme nous allons le voir, il est beaucoup plus intéressant de chercher à créer un personnage inoubliable.

Certains pourraient arguer qu'il n'y a pas de raison valable pour cela, car il ne s'agit pas d'écrire un roman ou un scénario de film. Toutefois, un personnage marquant va rester dans les mémoires et obtenir un attachement beaucoup plus fort qu'un personnage crédible, mais sans aucun relief.

Préféreriez-vous avoir une conversation avec un médecin quelconque ou bien le *Dr House* ?

Pour une majorité de personnes, la réponse est évidente. Indéniablement, un personnage qui sort du commun provoque des émotions plus intenses et, comme plusieurs études l'attestent, celles-ci renforcent le mécanisme de mémorisation (Dunsmoor 2015) (Tambini 2017).

Outre l'impact sur la mémoire, ce qui est déjà en soi très important, les émotions suscitées par l'interaction avec un personnage marquant sont facteurs d'engagement pour l'utilisateur. Nul besoin d'argumenter auprès des spécialistes du marketing et de la relation client de l'aspect crucial de l'engagement, que ce soit globalement pour une marque, l'implication sur les réseaux sociaux ou face à une action publicitaire. Il est également primordial lors du processus d'achat. L'engagement se définit comme la propension d'un individu à interagir avec la marque ou un des éléments de ses actions de marketing et vente. Cette notion est aussi parfois considérée par rapport à un univers produit et vu alors comme une notion proche de l'implication.

Comment rendre inoubliable un personnage ?

Là encore, il n'y a pas de recette miracle, car s'agit d'un processus créatif complexe. Toutefois, en suivant une approche combinant connaissance et imagination, il est tout à fait possible de construire un personnage fort, parfaitement cohérent et qui marquera les esprits.

Un personnage inoubliable est avant tout un personnage « profond » (Seger 2005). Il est comme un iceberg. On ne peut percevoir qu'une infime partie du travail de création, peut être tout au plus 10 % de tout ce que l'on sait du personnage. Néanmoins, le concepteur doit être convaincu que cette profondeur enrichit son personnage, quand bien même cette somme d'information n'apparaît que très indirectement, en particulier lors les dialogues.

Il est rare qu'un personnage soit une construction *ex nihilo*. Dans la majorité des cas, les personnages intéressants sont en fait des constructions qui s'inspirent de personnages déjà existants, imaginaires ou réels. Ainsi, le controversé *Dr House* que nous avons déjà cité est en fait une transposition dans le domaine médical et hospitalier du célèbre détective *Sherlock Holmes* (Siejka 2015).

La création d'un personnage s'apparente au travail d'un sculpteur. Celui-ci commence par modeler une première ébauche qui s'inspire d'un trait de caractère observé chez une personne réelle ou bien d'une image, d'une apparence physique. Il y a toujours un point de départ. Puis, il s'agit ensuite de préciser ses caractéristiques, en un mot de lui donner vie. Pour ce faire, voici la méthode proposée par Linda Seger et qui s'appuie sur six étapes successives (Seger 2005) :

(1) Avoir une première idée par l'observation ou l'expérience.

(2) Dessiner le trait général du personnage.

(3) Découvrir le cœur du personnage, ce qui va faire sa cohérence.

(4) Trouver des paradoxes pour lui donner de la complexité.

(5) Ajouter des émotions, des attitudes face aux choses, des valeurs pour lui donner de l'épaisseur.

(6) Ajouter les détails qui le rendront unique.

Pour débuter la création d'un personnage, les auteurs utilisent souvent de petits détails saisis sur le vif, d'une scène de la vie courante, qui permettent de construire une *première idée*. Il s'agit donc d'un travail conjoint entre l'observation et l'imagination. Quelle que soit la méthode utilisée, le créateur fera toujours appel à sa propre expérience, à sa propre perception de ce que sont les individus.

Le *trait général* d'un personnage est son trait principal de caractère. C'est-à-dire l'image la plus frappante pouvant décrire où donner une idée de qui il est. Dans la littérature, les lecteurs se font une idée visuelle d'un personnage. Il arrive souvent que dans certains romans, il n'existe aucune description physique afin de se focaliser sur la vie intérieure du personnage. Mais les lecteurs n'en font pas moins un travail d'imagination, construisant leur propre image. À minima, il existe toujours une ou deux caractéristiques physiques, auquel le lecteur pour un roman, l'utilisateur pour un chatbot, pourra s'accrocher pour construire sa propre représentation du personnage. Ainsi, Arthur Conan Doyle décrit *Sherlock Holmes* comme un homme grand et maigre, avec une tête de faucon surmonté d'un chapeau de daim et portant un long manteau de voyage gris. Il est froid, précis, et il possède un sens de l'observation extraordinaire.

Un personnage doit être *cohérent*. Cela ne signifie pas pour autant qu'il doit être stéréotypé. Au cœur d'un personnage artificiel, comme au cœur d'une personne réelle, on peut trouver un trait personnel qui définit ce qu'il est et donne une idée de comment il va réagir. Si le personnage dévie trop de ce trait personnel, il ne paraîtra plus crédible. Il semblera incohérent et trop artificiel. Une part de l'attraction que peut susciter un personnage est justement liée à ce trait personnel, qui lui donne un caractère prévisible. Le personnage sera confronté à des choix lors des dialogues, et ces choix seront anticipés par l'utilisateur qui attendra alors avec plaisir de le voir prendre des décisions. Dans la série des films *Indiana Jones*, par exemple, le célèbre aventurier est un professeur d'archéologie. Cette simple caractéristique personnelle suggère une connaissance approfondie de l'histoire et des religions.

Les *paradoxes* apportent de la complexité à un personnage. La nature humaine nous montre qu'un personnage ne peut se résumer à un assemblage de caractéristiques cohérentes. Parfois, les gens sont paradoxaux et imprévisibles. Ils font des choses qui nous surprennent et remettent en cause nos idées préconçues. Ce sont ces surprises qui rompent la monotonie du prédictible, sinon le personnage devient rapidement ennuyeux. Il s'agit de détails que l'on découvre dans le temps, car ils ne sont pas visibles en apparence. Ce sont ces détails, surtout s'ils sont étonnants, qui peuvent rendre le personnage charismatique. Ils sont ainsi le plus souvent la clé de la création de personnages uniques et fascinants. Les paradoxes ne nient pas la cohérence, ils s'y associent. Dans *Un poisson nommé Wanda*, Otto est défini comme un coureur de jupons, jaloux et stupide. Pourtant, il lit Nietze et pratique la méditation.

La cohérence donne à un personnage sa dimension et sa crédibilité. En lui donnant des paradoxes, il obtient une personnalité propre, son unicité. Pour approfondir et lui donner de l'épaisseur, il faut lui ajouter des valeurs, des attitudes et surtout des émotions.

Les *valeurs* défendues par un personnage sont l'occasion pour lui d'exprimer ses idées sur des sujets sensibles, moraux, philosophiques ou religieux. Généralement, il s'agit de positions qui vont favoriser l'empathie envers le personnage.

Les *attitudes* englobent les inclinaisons particulières du personnage face à une situation donnée, comme par exemple les événements de la vie que sont les naissances, les mariages ou la mort.

Les *émotions* renforcent l'humanité du personnage. Dans la plupart des cas, ils favorisent l'empathie et rendent les échanges avec lui plus profonds et sincères. Nous reviendrons plus spécifiquement sur les émotions dans la prochaine section, du fait de leur importance.

En donnant une vie émotionnelle à un personnage, des valeurs et des attitudes, il devient multidimensionné. En lui ajoutant des *détails*, il va devenir encore plus original et unique. Certains comportements marquent la différence entre deux personnes *a priori* identiques. Les individus ont des caractéristiques bien distinctes, faites de petits détails qui les rendent singuliers. Un grand nombre de personnages deviennent inoubliables grâce à de tels détails. Ceci peut être un acte, un comportement particulier, un tic de langage, ou l'approche particulière d'une situation. Ces détails sont très souvent de petits défauts ou travers. Ainsi, *Indiana Jones* a une peur bleue des serpents. La perfection est ennuyeuse et inhumaine. Pour Joseph Campbell, le point ombilical, l'humanité même, la chose qui rend humain et non pas surnaturel c'est l'imperfection, le conflit intérieur, la vie (Campbell 1988). Et c'est cela qui est attirant.

Gérer les émotions

Le mot émotion provient du verbe émouvoir, lui-même basé sur le latin *emovere*, où *e* signifie « hors de » et *movere* signifie « mouvement ».

Les émotions sont souvent décrites comme ce qui différencie l'homme de la machine. Bien souvent, lorsqu'on dit qu'un chatbot se comporte comme un robot, c'est qu'il répète les mêmes phrases, mais surtout, que l'émotion lui fait totalement défaut.

Les émotions renforcent l'humanité et la profondeur d'un personnage. Elles sont primordiales dans les interactions sociales et, plus généralement, dans toute approche de l'intelligence. Ajouter une dimension émotionnelle à un personnage artificiel, c'est donc lui donner de la personnalité et de la crédibilité. Elle suscite chez l'interlocuteur de l'empathie ou, au contraire, une prise de distance, voire de la répulsion. Si l'émotion est cruciale, il faut cependant prendre garde à l'utiliser avec cohérence. Un personnage crédible ne peut en effet passer d'une émotion à une autre à chaque phrase, ou bien exprimer une émotion alors que la situation ne s'y prête absolument pas.

Une première approche empirique consiste à sélectionner un petit nombre d'émotions que l'on souhaite exprimer. Parmi les plus évidentes, on trouve la tristesse et la joie, l'excitation et la peur. Avec ces quatre catégories, on peut suggérer un éventail d'émotions plus large :

La tristesse peut suggérer la déprime, le désespoir, le découragement, la mélancolie, etc.

La joie peut suggérer le contentement, le bonheur, l'amour, l'extase, etc.

L'excitation peut suggérer la colère, la rage, l'irritation, l'emportement, la folie, etc.

La peur peut suggérer l'effroi, la crainte, la terreur, l'horreur, l'angoisse, etc.

Il existe de nombreuses approches théoriques des émotions. Nous ne pourrons donc pas les évoquer toutes ici. L'un des premiers traités sur les émotions est dû au philosophe René Descartes (1596-1650). Dans *Les Passions de l'âme*, il identifiait six émotions simples (Descartes 1649) : l'admiration, l'amour, la haine, le désir, la joie et la tristesse, et proposait que toutes les autres étaient des combinaisons ou des variantes.

Plus tard, en 1879, Charles Darwin, le fondateur de la théorie de l'évolution, définissait l'émotion comme une faculté d'adaptation et de survie de l'organisme vivant (Darwin 1879). Il la voyait comme innée, universelle et communicative.

Bien plus récemment, en 1972, le psychologue américain Paul Ekman a établi une liste des émotions de base à partir de recherche transculturelle sur une tribu de Papouasie en Nouvelle-Guinée. Il avait observé que des individus isolés du monde pouvaient identifier les expressions émotionnelles de personnes sur des photographies dont la culture leur était inconnue. À partir de cette étude, il a ainsi défini six émotions universelles à tous les hommes : la joie, la tristesse, la peur, la colère, le dégoût et la surprise.

Selon lui, toutes les autres émotions, dites secondaires ou mixtes, sont des mélanges des émotions de base, rejoignant ainsi Descartes. Ainsi, par exemple, la honte est une émotion qui mixe la peur et la colère. Toutefois, dans les années 1990, Ekman a élargi sa liste d'émotions de base à 16, dont un plus large éventail d'émotions positives (Ekman 1999). Son approche a été ensuite critiquée, en particulier par les travaux de Lisa Feldman Barrett (Barrett 2006).

La manière la plus évidente de gérer les émotions dans un chatbot est de concevoir des règles qui détecteront certains mots clés susceptibles d'enclencher des réponses émotionnelles. Cela nécessite également de scripter ces réponses afin d'obtenir le comportement souhaité dans lequel transparaîtra la personnalité du personnage.

Cette approche peut se révéler suffisante pour des chatbots relativement simples, mais elle trouve rapidement des limites. En effet, elle peut entraîner assez fréquemment des comportements inadaptés tels que des réactions excessives ou répétitives. La solution réside dans une gestion plus sophistiquée en intégrant dans le chatbot un « métabolisme émotionnel » dont le rôle est de réguler les émotions du personnage (Heudin 2017).

Pour élaborer un tel système, il est nécessaire de simuler l'évolution émotionnelle du personnage lors des dialogues en se basant sur un modèle. Il en existe de nombreux, mais nous nous limiterons ici en évoquant deux approches qui établissent une cartographie des principales émotions dans un référentiel à trois dimensions, autorisant ainsi un large spectre d'états et des valeurs numériques associées. Leur intérêt est donc assez direct pour concevoir des modèles algorithmiques.

Le premier a été développé à partir de 1974 par Albert Mehrabian et and James Russell sous la dénomination du modèle d'états émotionnels PAD : *Pleasure, Arousal and Dominance* (Mehrabian 1974).

L'axe *Pleasure-Displeasure* mesure l'intensité du plaisir ou du déplaisir qu'une personne peut ressentir. Ainsi, la colère et la peur sont des émotions déplaisantes alors que la joie provoque du plaisir.

L'axe *Arousal-Nonarousal* mesure l'aspect énergétique ou soporifique d'un état émotionnel. Par exemple, la colère et la rage sont deux émotions déplaisantes, mais avec des intensités différentes d'excitation.

L'axe *Dominance-Submissiveness* mesure le niveau de domination ou au contraire de soumission. Alors que la peur et la rage sont toutes deux déplaisantes, par exemple, la rage est plutôt une émotion à caractère dominante alors que la peur est plutôt du côté de la soumission.

Le second modèle a été proposé par Hugo Lövheim en 2012 (Lövheim 2012). Alors que le modèle PAD est basé sur une approche psychologique, celui de Lövheim tente d'expliquer les racines biologiques des émotions en utilisant des axes qui correspondent aux trois neurotransmetteurs monoamines que sont la sérotonine, la dopamine et la noradrénaline.

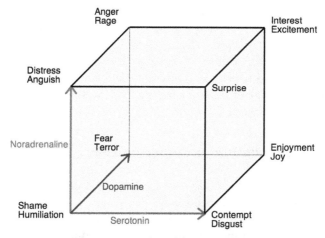

Fig. 18. Représentation du cube de Löveheim avec ses trois axes correspondant aux neurotransmetteurs. Les principales émotions correspondent aux sommets du cube.

La *sérotonine* est généralement associée à l'apprentissage et la mémoire. Un déséquilibre de ce neurotransmetteur conduit généralement à des émotions comme la peur, l'anxiété, la dépression ou la panique. C'est un neurotransmetteur inhibiteur qui accroît les sentiments positifs par opposition aux sentiments négatifs.

La *dopamine* est associée aux expériences de plaisir et de récompense dans le processus d'apprentissage. Il est à la fois inhibiteur et excitateur.

La *noradrénaline* aide à modérer les humeurs en contrôlant

le stress et l'anxiété. C'est un neurotransmetteur excitateur qui stimule les sentiments actifs par rapport aux sentiments passifs.

Les trois axes forment un repérer normé, un cube, où l'origine correspond à une situation où les trois signaux ont un niveau bas. Les huit extrémités du cube représentent quant à elles les huit émotions de base proposées par la théorie de Silvan Tomkins (Tomkins 1991) : honte-humiliation, détresse-angoisse, peur-terreur, colère-rage, mépris-dégoût, surprise-étonnement, joie-extase, intérêt-excitation. Ainsi, à titre d'exemple, les symptômes de la dépression et du manque d'intérêt peuvent être interprétés comme une valeur basse sur l'axe de la sérotonine qui empêche de ressentir de la joie.

Vers des chatbots multipersonnalités

Le caractère ainsi que les émotions qu'exprime un personnage sont des aspects essentiels de sa personnalité qui influent directement sur sa crédibilité et l'empathie qu'il va générer. Nous avons souligné que les personnages réalistes sont naturellement multidimensionnés, contrairement à une grande majorité de chatbots qui manquent de relief dans leur personnalité.

La conception d'un personnage multidimensionné est délicate, car par définition, elle est plus complexe comparée à celle d'un personnage unidimensionné. Une première approche consiste à définir les différentes facettes du personnage. Nous sommes tous des êtres complexes et, en fonction de la situation et des personnes avec qui l'on échange, ce sont des facettes différentes qui vont apparaître. Ainsi, pour chacun de nous, outre les aspects émotionnels, il peut y avoir de nombreuses facettes différentes : le professionnel, l'époux, l'ami, l'enfant que l'on a été, le passionné d'un sujet, etc. Chacune de ces facettes représente une personnalité à part entière susceptible de prendre le dessus dans un contexte en fonction des interlocuteurs ou des sujets abordés. Lorsque l'on y réfléchit, il peut y avoir un nombre considérable de facettes qui compose une véritable personnalité. Si l'on peut aisément dresser une liste d'une dizaine de facettes principales selon les personnages, il est possible d'imaginer des modèles composés de plusieurs centaines de facettes différentes, voire davantage. En d'autres termes, nous pourrions dire que la personnalité *émerge* des relations qu'entretiennent ces différentes facettes dans l'environnement (Heudin 2011).

La principale difficulté, outre celle du nombre de facettes, est la cohérence. En effet, il faut que ce soit la « bonne » facette qui intervienne lors d'une situation donnée. Si l'on discute avec son patron, il vaut mieux que cela soit le professionnel qui s'exprime et non une autre qui paraîtrait incongrue. Le contexte de la discussion a donc beaucoup d'importance, afin de sélectionner de façon adéquate la facette du personnage qui doit s'exprimer.

Cette problématique n'est d'ailleurs pas uniquement celle d'un agent conversationnel multifacettes. Certaines maladies mentales, dont la schizophrénie et surtout le trouble dissociatif de l'identité (TDI), montrent que cette cohérence comportementale est cruciale pour tout être humain. Les symptômes d'un trouble de personnalités multiples sont généralement la présence de plusieurs identités ou « états de personnalité » distincts qui prennent tour à tour le contrôle du comportement du sujet, s'accompagnant de comportements inadaptés face à une situation.

En termes de complexité, on peut représenter la personnalité d'un individu comme un réseau de facettes qui interagissent entre elles et avec l'environnement. Chaque facette étant un agent autonome doté de son propre comportement, on peut ainsi imaginer des échanges entre agents, indépendamment de la présence ou non d'un interlocuteur. D'une certaine manière, ces « petites voix intérieures » évoquent les pensées qui traversent notre esprit sans arrêt (Heudin 2017).

Dans un tel modèle, les différentes classes de dynamiques, telles que définies par Stephen Wolfram (Wolfram 1984), puis confirmées par d'autres ensuite dans le cadre de travaux sur la complexité (Langton 1990) (Heudin 2009), nous donnent un éclairage singulier sur les conditions nécessaires à un comportement satisfaisant. Les quatre classes de complexité sont les suivantes :

La *classe I* des *systèmes fixes* qui, après une courte phase transitoire, se figent dans un état final. Dans le cas d'un système conversationnel, cela correspondrait à un comportement où les agents aboutissent toujours à une unique réponse, quelle que soit la sollicitation.

La *classe II* des *systèmes périodiques* qui oscillent entre deux ou plusieurs états. Dans le cas d'un système conversationnel, cela correspondrait à un comportement où les réponses possibles sont en petit nombre et reviennent régulièrement. C'est typiquement le cas des chatbots qui répètent les mêmes réponses.

La *classe III* des *systèmes chaotiques* qui ne se stabilisent jamais et font penser à l'aléatoire. Dans le cas d'un système conversationnel, cela correspondrait à des réponses quasi aléatoires sans rapport avec le contexte de la conversation. Les réponses paraissent incongrues et toujours à côté du sujet.

La *classe IV* des *systèmes complexes* aux longues phases transitoires entre l'ordre et le chaos. Les travaux théoriques sur la complexité montrent que seuls certains systèmes de ce type possèdent les caractéristiques qui permettent l'émergence de la vie et de l'intelligence. Dans le cas d'un système conversationnel, cela correspondrait donc au comportement riche et cohérent que l'on souhaite obtenir.

L'hypothèse que nous avons formulée dans le cadre d'un tel modèle est que la cohérence des comportements peut être réalisée par une sélection émotionnelle des réponses candidates (Heudin 2017). Autrement dit, ce serait l'état émotionnel qui favoriserait telle ou telle facette de la personnalité en fonction du contexte. Nous avons également montré que même si le personnage artificiel est composé de facettes très hétérogènes, la sélection émotionnelle permet de faire émerger une personnalité globale qui apparait cohérente.

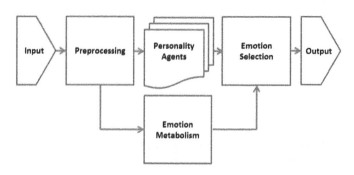

Fig. 19. Architecture d'un agent conversationnel multipersonnalité avec sélection émotionnelle.

Références

Barrett, L. F., 2006. Are Emotions Natural Kinds? *Perspectives on Psychological Science*, vol. 1, n. 1, 28–58.

Campbell, J., 1988. *The power of Myth*, New-York : Doubleday, 4–5.

Darwin, C., 1879. *The Expression of the Emotions in Man and Animals*, London: John Murray.

Descartes, R., 1649. *Les passions de l'âme*.

Dunsmoor, J., *et al.*, 2015. Emotional learning selectively and retroactively strengthens memories for related events, *Nature*, n. 520, 345-8.

Ekman, P., 1999. Basic Emotions, in T. Dalgleish and M. Power (Eds.), *Handbook of Cognition and Emotion*, London: John Wiley & Sons.

Heudin, J.-C., 2009. The origin of evolution in physical systems, *Complex Science*, Springer, 550–559.

Heudin, J.C., 2011. A schizophrenic approach for intelligent conversational agent, *3rd Int. Conference on Agents and Artificial Intelligence*.

Heudin, J.-C., 2017. Emotion Selection in a Multi-Personality Conversational Agent, *9th International Conference on Agents and Artificial Intelligence*.

Heudin, J.-C., 2017. An Emotional Multi-Personnality Model for Intelligent Conversational Agent, *Transaction on Computational Collective Intelligence*, Springer.

Langton, C.G., 1990. Computation at the Edge of Chaos: Phase transitions and emergent computation, *Physica D*, Non Linear Phenomena, 42(1–3):12–37.

Lövheim, H., 2012. A new three-dimensional model for emotions and monoamine neuro-transmitters, *Med Hypotheses*, 78: 341–348.

Mehrabian, A., Russell, J.A., 1974. *An approach to environmental psychology*, Cambridge: MIT Press.

Seger, L., 2005. *Créer des personnages inoubliables*, Paris : Dixit Éditions.

Siejka, M., 2015. *Morphogénèse du héros dans les séries policières américaines : 1968-2008*, Thèse de Doctorat de l'Université Paris-Saclay.

Tambini, A., et al. 2017. Emotional brain states carry over and enhance future memory formation. *Nature* Neuroscience, n. 20, 271–8.

Tomkins, S.S., 1991. *Affect Imagery Consciousness*, vol. I–IV, New York : Springer.

Wolfram, S., 1984. Universality and Complexity in Cellular Automata. *Physica D,* 10(1–2):1–35.

8

L'Art du dialogue

L'importance des dialogues

Dans un projet de chatbot, la technologie a un puissant pouvoir d'attracteur au détriment des autres aspects, en particulier celui du processus de création du personnage. Nous avons souligné que malgré son importante, elle n'est au bout du compte que le « support technique » du personnage. Autrement dit, même avec une technologie limitée, comme celle d'*Eliza* par exemple, il est possible de créer un personnage « inoubliable » qui fidélisera les utilisateurs. Un aspect essentiel du processus créatif concerne l'écriture des dialogues. En effet, c'est au travers des conversations que la personnalité du chatbot va pouvoir s'exprimer. Tout le travail de conception préalable conduit en fait à l'écriture des phrases qu'utilisera le chatbot.

Ne vous est-il jamais arrivé de voir un film et de vous rendre compte que certains personnages avaient des répliques saugrenues, voire même ridicules ?

Cela signifie que le réalisateur n'a pas jugé essentiel de recruter des scénaristes et des dialoguistes à la hauteur. En conséquence, les personnages ne sont pas crédibles et les spectateurs s'en aperçoivent rapidement. Certes, certaines répliques peuvent faire passer du statut de navet à celui de nanar culte, mais ce n'est généralement pas l'objectif. Le problème est similaire avec un chatbot : les dialogues doivent faire l'objet d'une attention extrême.

Les bons et mauvais dialogues

L'écriture de bons dialogues ne s'improvise pas. Nous n'aurons pas l'ambition de résumer en quelques paragraphes les techniques d'écriture des dialoguistes professionnels, mais seulement de mettre en évidence quelques règles pratiques, utilisables par tous et qui permettront d'améliorer très sensiblement la qualité des dialogues. Toutefois, avant cela, il est intéressant de définir ce qu'est un bon dialogue et son inverse, c'est-à-dire un mauvais dialogue.

Un bon dialogue :

(1) Il est comme un morceau de musique. Il a un tempo, un rythme et une mélodie.

(2) Il vise à être court et fonctionnel. Généralement, on ne dit pas plus de deux ou trois lignes d'une traite.

(3) Il est comme un match de tennis. La balle s'échange entre les joueurs. Il sous-tend un rapport de force qui peut être d'ordre social, politique, physique ou sexuel.

(4) Plutôt que de parler du personnage, il le révèle. Il véhicule des intentions, des attitudes, des émotions, des conflits.

(5) Grâce à son rythme, il est facile à dire. N'importe qui peut le lire et le comprendre.

Un bon dialogue possède également une autre composante essentielle : le *sous-texte*. Il s'agit de ce que le personnage suggère sans le dire explicitement. Dans une conversation, la plupart des gens ne disent en effet pas tout. Ils sont généralement indirects et n'expriment pas clairement ce qu'ils pensent. Le sous-texte représente donc la motivation et la signification sous-jacente du comportement qui doivent être perçues par l'utilisateur afin de rendre celui-ci encore plus crédible. Toutefois, il ne faut pas dévoiler trop vite le personnage en laissant émerger le sous-texte intégralement. L'interlocuteur appréciera toujours d'être poussé à réfléchir, à imaginer, à être impliqué dans la découverte des choses secrètes.

Voici un exemple simple de phrase avec du sous-texte. Le personnage répond à une question classique sur ce qui lui fait peur : «Ma hantise est de choper un virus informatique.» Dans cette réponse donnée sur un ton humoristique, le chatbot indique qu'il est un programme sans pour autant le dire explicitement.

Si les caractéristiques d'un bon dialogue sont les intentions, les attitudes, les émotions et le sous-texte, qu'est-ce qui fait un mauvais dialogue ?

Un mauvais dialogue :

(1) Il est incompréhensible, raide, sans naturel.

(2) Il ne véhicule aucune personnalité et ne ferait aucune différence entre plusieurs personnages possibles.

(3) Il dit le sous-texte. Plutôt que de révéler le personnage, il formule oralement tous les sentiments et toutes les émotions.

(4) Il limite la personnalité au lieu de révéler sa complexité.

Écrire de bons dialogues

Il n'y a pas à proprement parler de méthode miracle pour aborder l'écriture d'un dialogue. C'est un acte de création et devenir un auteur ne s'improvise pas. Lorsqu'ils écrivent un dialogue, certains auteurs sont sensibles au son, au rythme et à la couleur des phrases. D'autres passent beaucoup de temps à écouter les gens parler dans les rues, le métro, partout (Seger 2005). Après avoir travaillé ses personnages pendant plusieurs semaines, un auteur dramatique répondit au réalisateur qui lui demandait où il en était : «J'ai presque fini. Je commence l'écriture du dialogue demain.»

Cette anecdote montre bien que l'écriture du dialogue ne peut commencer que lorsque le personnage a été parfaitement défini, avec son histoire, ses attitudes et ses motivations profondes. Dès lors, les phrases viennent plus facilement en les formulant dans le langage de tous les jours. Ensuite, en retravaillant les textes pour obtenir une seconde mouture, on peut modifier et ajouter différentes fioritures qui vont caractériser le personnage.

Il ne faut pas toutefois négliger le travail de réécriture. Il faut prendre le temps de ciseler chaque phrase. Attention toutefois à ne pas trop en faire : trop de répliques percutantes feraient perdre du naturel au personnage. À titre d'exemple, voici une phrase classique pour dire bonjour avec *Eliza* :

« Hi there. I'am your Doctor. »

Et une manière inspirée par le célèbre *Dr House* :

« In the interest of avoiding a lot of boring chitchat, I'm your doctor. »

L'écriture des dialogues pour un chatbot a deux spécificités par rapport aux fictions classiques. D'une part, le travail d'écriture proprement dit se concentre sur les réparties du chatbot en imaginant les propos de l'utilisateur. De ce point de vue, c'est assez différent d'un dialogue où l'auteur maitrise parfaitement tous ses personnages. D'autre part, pour exprimer une idée, il faut écrire non pas une réplique, mais plusieurs. En effet, un chatbot qui répond toujours la même phrase à des questions similaires n'est pas crédible et l'utilisateur est rapidement agacé par un comportement aussi peu naturel. La plupart des technologies permettent heureusement de choisir aléatoirement une phrase parmi une liste de réponses possibles. Il est donc important de créer plusieurs variantes. Il ne faut pas en écrire trop ni trop peu : cinq variantes suffisent dans une majorité de cas.

Voici par exemple trois variantes lorsque l'on demande si

le chatbot se porte bien :

« Je vais bien. Merci. »

« Très bien. Merci. »

« Je suis en pleine forme ! »

On peut évidemment lui donner de la personnalité avec du sous-texte comme précédemment :

« Pas trop mal pour une intelligence artificielle. Merci. »

« Mon processeur est un peu chaud, mais tout va bien. »

« Justement, je dois faire un test complet de ma mémoire... »

Voici deux règles simples et un conseil pratique qui permettent d'améliorer la qualité des phrases d'un personnage incarné par un chatbot : le dialogue doit être clair et crédible, et il ne faut pas hésiter à le lire à haute voix :

Un *dialogue clair* est composé de phrases simples et relativement courtes. Pas besoin de faire des tournures de phrases incroyables. Si le personnage parle, c'est qu'il a une information à faire passer. Il doit le faire simplement, sans se perdre dans des détails. Allez à l'essentiel, n'écrivez pas des dialogues sans fin.

Un *dialogue crédible* est un dialogue naturel. Si des réponses directes sont recommandées, il faut aussi, parfois, savoir les éviter. Lorsque la réponse est évidente, le silence peut être plus efficace, car il en révèle bien plus sur un état d'esprit que les mots. Il faut éviter les dialogues sans surprise où chaque réplique fait écho à la précédente. De cette manière, les dialogues deviennent plus dynamiques.

Si le dialogue est surtout un travail d'écriture, une manière simple de vérifier sa crédibilité est de le *lire à haute voix* et si possible de l'enregistrer. De cette façon, en écoutant a posteriori l'enregistrement, il est possible de se rendre compte si les phrases sonnent juste.

La qualité des textes est la clé de la crédibilité du chatbot, bien plus que n'importe quelle technologie miraculeuse. C'est essentiellement au travers d'eux qu'apparaîtront les attitudes, les émotions, qui exprimeront toute la complexité et la particularité du personnage. Une fois les scripts des dialogues rédigés, demandez-vous :

Est-ce que le personnage est parfaitement caractérisé par les phrases, leur longueur, les tournures et les mots employés ? Est-ce que je le reconnaîtrais rien qu'à ses répliques ?

Puis-je deviner grâce aux phrases du dialogue, sans qu'ils soient explicitement révélés, la culture, le niveau d'éducation ou l'âge du personnage ?

Les dialogues contiennent-ils du sous-texte ? Est-ce que certaines phrases permettent de mettre en opposition ce que dit littéralement le personnage et ce qu'il veut dire réellement ? Révèlent-elles certaines de ses émotions, ses conflits intérieurs ?

Scripter le dialogue

Une conversation ne peut avoir un intérêt pratique que si elle a un objectif autre que celui de simplement bavarder. Cela peut être un objectif défini à l'avance ou bien résultant d'une intention de l'utilisateur. Beaucoup de chatbots en effet ne font que répondre aux sollicitations de manière totalement réactive. Cela conduit fréquemment à des conversations erratiques où le chatbot est rapidement mis en défaut par des questions qui sortent de son domaine de compétences.

Une fois l'objectif déterminé, il est donc préférable que le chatbot garde le contrôle du dialogue, par exemple en ayant l'initiative d'interroger l'utilisateur plutôt que l'inverse. Pour cela, la méthode consiste à donner une structure à la conversation et lui donner des limites, en particulier temporelles. Généralement, un dialogue avec un chatbot ne doit pas excéder quelques minutes. Une interaction plus longue aura beaucoup plus de chances de déraper et de ne pas aboutir à un résultat satisfaisant.

Il n'existe pas de structure prédéfinie qui soit utilisable, quel que soit le projet. Il convient donc de définir celle qui correspondra le mieux à l'objectif du chatbot et à son public. La structure la plus basique est composée de trois phases : l'introduction, le cœur de la discussion et la conclusion.

L'*introduction* est une phase nécessaire pour respecter les codes sociaux entre individus. Avant de parler à quelqu'un, on le salut et on se présente si l'on adresse à lui pour la première fois. Le respect de ces codes est essentiel, comme nous le verrons plus loin.

Vient ensuite le *cœur de la discussion*. Chaque interlocuteur a un objectif lorsqu'il participe à une conversation. Dans le cas d'un chatbot dont l'objectif serait de proposer un produit par exemple, l'échange sert à préparer l'action, au sens large, que l'on souhaite que l'utilisateur accomplisse. C'est ce qu'on appelle : la préparation et le « paiement ». La préparation conduit généralement à un « appel à agir », qui correspond à une action précise de l'utilisateur. Celle-ci doit être alors parfaitement claire et sans aucune ambiguïté possible.

La *conclusion* clôt la discussion. Elle est importante, même si l'échange n'a pas entraîné le « paiement » escompté. Il s'agit là, essentiellement, de respecter les codes sociaux, par exemple en exprimant de la gratitude et en disant simplement au revoir. Elle inclut souvent également une évaluation qualitative du service rendu par le chatbot. Il est en effet important de vérifier la satisfaction de l'utilisateur afin de faire évoluer si nécessaire le service ou bien utiliser cette information pour de l'apprentissage machine.

Références

Seger, L., 2005. *Créer des personnages inoubliables*, Paris : Dixit Éditions, 155–178.

9

Le pacte fictionnel

Storytelling

Nous avons vu que le chatbot doit incarner un personnage. En poursuivant ce raisonnement, il devient alors évident que ce personnage doit faire partie d'une histoire (McKee 1997). D'une certaine façon, le chatbot raconte cette histoire en y faisant participer son interlocuteur.

Ce *storytelling*, pour reprendre le terme anglo-saxon, est toujours présent même s'il est pour une majorité des projets ignoré lors de la phase de conception. C'est pourtant un élément important. Qu'il s'agisse d'une application de divertissement ou de participer à la promotion d'une marque ou vendre un produit, qu'il soit explicite ou sous-jacent, le storytelling participe pleinement à la réussite du projet.

Pour créer une histoire qui va captiver une audience, il existe de nombreux modèles issus de l'expérience des auteurs et scénaristes (Volger 1998), ou bien encore de l'étude de la structure des contes (Propp 1928) et des mythes (Campbell 1988). Nous ne détaillerons pas l'ensemble des possibilités des structures narratives, car elles sont, par définition, pratiquement infinies.

Un exemple incontournable de storytelling pour une marque est celui d'Apple. Les fameuses *keynotes* de son leader charismatique racontaient l'atypique histoire de deux jeunes Américains qui inventaient dans un minuscule garage de Cupertino un ordinateur révolutionnaire. À chaque nouveau produit, ses caractéristiques techniques n'étaient que très peu abordées, mais il y avait à chaque fois une nouvelle histoire véhiculant les valeurs de la marque, un décor, un méchant, et un héros : généralement le client.

Dans le cas d'un chatbot, il ne s'agit pas d'écrire un roman ou de réaliser un film, mais d'une forme particulière de fiction interactive. L'histoire peut être par conséquent plus simple, mais elle doit servir l'objectif et permettre l'adhésion des utilisateurs cibles. Dans tous les cas, elle existe toujours d'une manière ou d'une autre et la personnalité du chatbot doit être cohérente avec celle-ci.

Suspension de l'incrédulité

L'adhésion au personnage pour un chatbot est un point essentiel. L'utilisateur doit dépasser le stade d'une conversation ayant pour but de tester les limites de la technologie pour entrer dans l'histoire et oublier (temporairement) qu'il dialogue avec un programme.

Ce dernier point est à rapprocher de l'expérience des créateurs de dessins animés pour élaborer des personnages crédibles. Ainsi le célèbre *Mickey Mouse* n'est pas un personnage réaliste, mais le spectateur accepte néanmoins d'oublier la simplicité de ses formes et de ses comportements. Il suit les aventures de la souris la plus célèbre du monde sans se poser de questions métaphysiques sur le réalisme de son existence (Thomas 1981).

Ce principe est appelé le « pacte fictionnel » en littérature. C'est le pacte tacite entre l'auteur et le lecteur qui n'interprète pas le texte comme un énoncé de la réalité. On utilise parfois une autre expression : la suspension consentie de l'incrédulité (*willing suspension of disbelief*) ou trêve de l'incrédulité. Ce phénomène, sans lequel il n'y aurait pas de fiction possible, est l'opération mentale qu'effectue le spectateur d'une œuvre de fiction qui accepte tacitement, le temps de la consultation de l'œuvre, de mettre de côté son scepticisme. C'est Samuel Taylor Coleridge (1772-1834), écrivain, critique et poète britannique qui le premier introduisit cette notion (Coleridge

1817) : « il fut convenu que je concentrerais mes efforts sur des personnages surnaturels, ou au moins romantiques, afin de faire naître en chacun de nous un intérêt humain et un semblant de vérité suffisants pour accorder, pour un moment, à ces fruits de l'imagination cette 'suspension consentie de l'incrédulité', qui constitue la foi poétique. »

En littérature ainsi que dans d'autres formes de fictions comme le théâtre, le cinéma ou le jeu vidéo, il s'agit donc d'une expérience de simulation cognitive où le spectateur-acteur « vie » dans le monde inventé tant que dure le pacte. Celui-ci est rompu soit à la fin de l'œuvre, soit parce que sa réalisation comprend des *stimuli* qui vont attirer son attention et accroître soudainement son incrédulité.

Ainsi, dans la relation entre un humain et un chatbot, le même type de pacte est nécessaire. Comme le montrent de nombreux personnages de fiction, la complexité donne de la profondeur, mais c'est la cohérence qui permet de les maintenir crédibles.

L'équation média

On pourrait penser, *a priori*, qu'il est assez facile de mettre en œuvre un tel pacte, car, naturellement, l'homme a tendance à traiter tout ce qui l'entoure comme s'il s'agissait d'humains. Ainsi l'enfant parle à son nounours. Même plus âgé, il est encore capable d'invectiver sa voiture, ou de parler avec émotions à un animal de compagnie, son ordinateur, etc.

Byron Reeves et Clifford Nass ont montré au travers de plusieurs études psychologiques que ce type de comportements provenait de l'évolution de notre espèce, en particulier sur le plan social. Leur théorie établit que nous interagissons naturellement de manière anthropomorphique que ce soit avec un média, un ordinateur ou toute nouvelle technologie (Reeves 1996). Ils ont dégagé ainsi huit points importants :

(1) Tout le monde réagit socialement aux médias.

(2) Les médias sont plus similaires que différents.

(3) Les réactions sont automatiques sans effort conscient.

(4) Quel que soit le type de média, on lui assigne une personnalité.

(5) Ce qui semble vrai est plus important que ce qui est vrai.

(6) On répond à ce qui est présent.

(7) Les gens aiment la simplicité.

(8) Les gens savent déjà comment réagir dans le monde social.

En résumé, les humains établissent naturellement une interaction sociale avec ce qui les entoure et plus encore avec les chatbots qui encouragent cet anthropomorphisme. Le problème intervient lorsque celui-ci se trouve contrarié par un manque de cohérence dans ses comportements. Cela peut être le cas, par exemple, lorsqu'un chatbot donne des réponses incongrues ou bien ne comprend pas une question qui semble pourtant évidente.

La vallée de l'étrange

Un chatbot est une créature artificielle au même titre qu'un robot. Certes un agent conversationnel est virtuel et, par conséquent, il n'a pas (pour la plupart) d'incarnation matérielle, mais tout comme un robot, il est également soumis au phénomène de la «vallée de l'étrange». De quoi s'agit-il exactement ?

Avez-vous déjà ressenti un léger malaise devant l'un des personnages de cire au Musée Grévin ? Ou bien une gêne étrange en croisant une personne au visage déformé par une chirurgie «esthétique» à répétition ? Ou bien encore à la vue du corps d'une personne décédée que vous avez eu du mal à reconnaître ?

Cette impression bizarre, vous l'avez certainement aussi déjà éprouvée en regardant un film d'animation ou bien dans un jeu vidéo où les personnages ont été réalisés en images de synthèse avec la volonté de mimer les humains de la façon la plus réaliste possible sans toutefois y parvenir totalement.

Peut-être avez-vous eu la chair de poule en découvrant les robots androïdes du professeur Hiroshi Ishiguro (Ishiguro 2007) qui, de loin, ressemblent à s'y méprendre à leur modèle en chair et en os, mais qui de près évoquent plus la mort que la vie ?

Si vous avez déjà ressenti l'un de ces symptômes, alors vous vous êtes promené sans le savoir dans la vallée de l'étrange…

L'effet de la vallée de l'étrange, appelée parfois également « la vallée dérangeante », est une réaction psychologique devant les créatures artificielles androïdes. Son existence a été proposée par le roboticien japonais Masahiro Mori (Mori 1970). En effet, de nombreuses personnes trouvent les robots humanoïdes plutôt dérangeants, voire même pour certains terrifiants. Le phénomène de la vallée de l'étrange contribue vraisemblablement à ce rejet par l'angoisse qu'il génère chez certaines personnes. Notons néanmoins que pour certains roboticiens, la vallée de l'étrange n'est qu'une hypothèse intuitive qui n'a jamais été validée scientifiquement.

La vision classique est que plus nous créons des robots qui nous ressemblent et plus ils sont facilement acceptés. Mais, pour qu'ils nous ressemblent vraiment, il faut leur donner une apparence et des comportements pratiquement identiques aux nôtres. Par conséquent, plus on ajoute de détails humains à un androïde, plus on se rapproche de l'humain et plus l'empathie doit augmenter.

Ce raisonnement paraît à première vue tout à fait correct et aisé à comprendre, car il correspond à un grand nombre de relations que nous entretenons avec les phénomènes qui nous entourent. Ainsi, lorsque l'on conduit une voiture et que l'on accélère, la vitesse augmente graduellement à mesure que l'on exerce de la pression sur la pédale d'accélérateur. Si nous représentions la courbe de la vitesse en fonction de notre action sur la pédale, nous verrions une ligne qui part de zéro et monte de façon continue jusqu'à la vitesse maximum de la voiture. Ce type de comportement simple nous paraît tout à fait normal et si la relation devient plus compliquée, alors nous en sommes généralement contrariés. Pourtant, dans les faits, la grande majorité des phénomènes naturels n'obéit pas à ce type de relation simple. Si par exemple vous décidez de gravir le flanc d'une montagne, vous devrez certainement à plusieurs reprises descendre au lieu de monter, car le franchissement des collines et des vallées avant d'atteindre le sommet convoité vous contraindra à le faire. L'ascension d'une montagne est un exemple où l'altitude ne croît pas nécessairement toujours à mesure que la distance qui sépare du sommet diminue.

C'est la même chose avec l'empathie envers les créatures artificielles et leur ressemblance avec les humains. Plus on essaye de les rendre similaires à un être humain, plus leurs imperfections nous paraissent monstrueuses. Ainsi, de nombreuses personnes trouvent un robot à l'aspect totalement artificiel *a priori* plus rassurant qu'un robot doté d'un visage, d'une peau synthétique et de vêtements.

Dessinons un graphe où l'axe vertical représente l'empathie et l'axe horizontal indique la ressemblance avec l'humain, puis plaçons sur ce graphe un ensemble d'humanoïdes artificiels et naturels : un robot industriel, un mannequin de vitrine, un robot de compagnie, le monstre de Frankenstein, un zombie, un cadavre humain, une marionnette, etc. En reliant entre eux les différents personnages, on obtient une courbe qui commence à croître régulièrement puis qui d'un seul coup s'effondre avant de remonter tout aussi brusquement. C'est ce trou dans la progression de l'empathie qui constitue la vallée de l'étrange. On y trouve tous les monstres et sur ses flancs des créatures

« ratées » qui semblent hésiter entre l'artificiel et le naturel.

Passée la vallée de l'étrange, l'empathie semble de nouveau croître pour atteindre son plus haut niveau de familiarité avec l'humain.

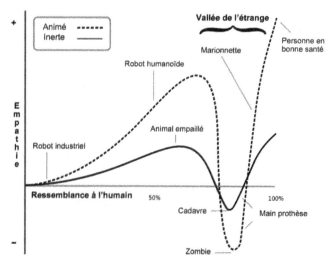

Fig. 20. La vallée de l'étrange selon Masahiro Mori.

Il y a plusieurs explications qui ont été avancées pour ce phénomène. En premier lieu, lorsqu'une créature est suffisamment éloignée de l'humain pour être immédiatement identifiée comme artificielle, nous aurions tendance à remarquer les aspects qui la rapprochent de l'humain sans pour autant ressentir une menace. Mais si la créature a une apparence presque totalement humaine au point de provoquer la confusion, nous percevons d'intimes détails non humains qui vont nous sembler anormaux et notre cerveau les interprète alors comme une menace potentielle. Une autre explication possible est que ces anomalies provoquent une sensation proche de celle que l'on peut ressentir au contact d'une personne gravement malade ou d'un cadavre, un malaise profond lié à la mort. Enfin, une dernière explication est qu'elles susciteraient un rejet lié à l'absence de normes ou de règles sociales inconsciemment applicables (Axelrad 2012).

Selon Masahiro Mori, au-delà d'un certain niveau de perfection dans l'imitation, les robots humanoïdes retrouveraient une plus grande acceptation. Sera-t-il possible dans le futur de créer de tels robots, c'est-à-dire des créatures artificielles qui soient si proches des êtres humains que l'on ne puisse plus faire la différence ?

Nous avons avancé l'hypothèse que cet objectif est hors de notre portée, même à long terme, du fait d'une barrière de complexité. Les êtres vivants sont des systèmes organiques si complexes, qu'un infime détail dans une « copie artificielle » peut potentiellement rompre la cohérence de l'ensemble (Heudin 2011). Cette barrière est due à notre niveau de compréhension des phénomènes complexes et à la nature même de nos technologies qui ne sont pas (encore) aptes à permettre l'élaboration de systèmes ayant le même ordre de grandeur de complexité.

À l'université de Californie de San Diego, une équipe de chercheurs a étudié le phénomène de la vallée de l'étrange en observant vingt sujets âgés de vingt à trente-six ans qui n'avaient aucune expérience des robots (Brown 2011). Au cours de l'expérience, trois vidéos ont été présentées aux participants pendant que leur cerveau était soumis à une IRM fonctionnelle (Imagerie par Résonance Magnétique). La première montrait de vrais humains, la deuxième un robot à l'apparence mécanique et la troisième, un androïde ressemblant à un humain, mais avec un mouvement mécanique identique. La réponse du cerveau la plus nette s'est produite dans le dernier cas, celui où le cerveau n'arriverait pas à faire le lien entre l'apparence robotique et les mouvements naturels des humains.

Cette expérience tendrait à montrer que ce n'est pas seulement l'aspect de la créature qui compte, mais aussi la cohérence entre son apparence et ses comportements. En d'autres termes, si la créature ressemble à un être humain et se comporte comme tel, notre cerveau est satisfait. Si la créature ressemble à un robot et agit comme un robot, notre cerveau est tout aussi satisfait. Mais si l'aspect de la créature n'est pas en harmonie avec ses comportements, alors le cerveau semble désorienté et envoie alors des signaux d'alerte.

Bien qu'un chatbot ne soit pas à proprement parler un robot, il est soumis à des effets proches de la vallée de l'étrange. C'est le cas avec des avatars recherchant l'hyperréalisme au niveau de la représentation visuelle. Comme nous l'avons évoqué, c'est probablement également le cas lorsque le comportement du chatbot déraille et devient, d'une certaine manière, inhumain.

Références

Axelrad, B., 2012. La vallée de l'étrange ou l'inquiétante étrangeté, *SPS*, n. 299.

Brown, M., 2011. *Exploring the uncanny valley of how brains react to humanoids*, Wired, www.wired.co.uk

Campbell, J., 1988. *The power of Myth*, New-York : Doubleday, 4-5.

Coleridge, S. T., 1817. *Biographia Literaria*, Chapter XIV.

Heudin, J.-C., 2011. *The Uncanny Valley and Complex Systems*, jcheudin.blogspot.fr/2011/04/uncanny-valley-and-complex-systems.html

Ishiguro, H., 2007.Scientific Issues Concerning Androids, *International Journal of Robotics Research*, vol. 26, 105–117.

McKee, R., 1997. *Story: Substance, Structure, Style and the Principles of Screenwriting*, New York: Harper-Collins.

Mori, M., 1970. The Uncanny Valley, *Energy*, vol. 7, n. 4, 33-35.

Propp, W., 1928. *Morphologie du conte*, édition 1970, Paris :

Points.

Reeves, B., Nass, C., 1996. *The Media Equation : how people treat computers, television and new media like real people and places*, CSLI Publications, Stanford.

Thomas, F., Johnston, O., 1981. *The illusion of life: Disney Animation*, Walt Disney Productions.

Volger, C., 1998. *Writer's Journey: Mythic structures for writers*, Studio city: Michael Wiese Productions.

10

Dix principes pratiques

Dans les chapitres précédents, nous avons passé en revue les concepts essentiels pour créer le personnage que doit incarner un chatbot. Nous nous sommes rendu compte de l'importance du processus de création de ce personnage dont la qualité est toute aussi importante, voire le plus souvent plus importante que la technologie d'IA utilisée. En effet, celle-ci n'est que l'outil, le support du personnage qui interagit avec les utilisateurs. En fait, la technologie doit se faire oublier au profit du personnage.

La création d'un personnage est une tâche complexe et délicate, les auteurs de fiction le savent bien. Toutefois, afin de synthétiser les aspects abordés, nous avons résumé l'essentiel dans les lignes suivantes en dix principes à appliquer lors du processus de création.

Donnez de la personnalité

Un chatbot n'est pas un site Internet ou une application classique. Il s'agit d'une créature artificielle qui interagit en langage naturel avec les utilisateurs. Il est donc essentiel de l'incarner dans un personnage qui représente la marque, le produit ou le service. L'empathie et l'engagement seront d'autant plus forts, si le personnage est doté d'une véritable personnalité.

Évitez les stéréotypes

Le personnage doit non seulement être crédible, il doit être aussi, autant que possible, inoubliable. Pour cela, il faut éviter les stéréotypes des personnages unidimensionnés et caricaturaux. Le personnage doit être cohérent, avec des traits de caractère forts et des valeurs, mais aussi avec des paradoxes qui lui donnent de la consistance et de la complexité.

Revendiquez l'artificialité

Un chatbot n'est pas un être humain, même si nous avons une tendance naturelle à projeter sur lui les codes et comportements humains. C'est un personnage virtuel qui ne peut et ne doit pas prétendre être une vraie personne ou être confondu avec une personne. On ne peut pas bâtir une relation de confiance durable sur un mensonge.

Ajoutez de l'émotion

Pour obtenir de l'empathie et de l'engagement, les émotions jouent un rôle très important. Elles contribuent à rendre le personnage multidimensionné, crédible, avec une grande variété de comportements. Les émotions donnent de l'humanité et de la cohérence au personnage.

Racontez une histoire

Le personnage incarné par le chatbot n'est que la partie visible d'un univers. Les différentes interactions avec le chatbot doivent raconter une histoire, au sens du storytelling, dans laquelle son rôle et ses objectifs sont parfaitement définis. Le déroulement du dialogue doit être scripté pour garder le contrôle lors de l'interaction.

Soignez les dialogues

L'écriture de dialogues est un art. Tout le travail de conception de l'univers et du personnage débouche naturellement sur les phrases échangées lors des conversations. C'est ce travail qui va donner des interactions riches et crédibles. Il faut, en outre, écrire plusieurs variantes de chaque phrase de manière à éviter les répétitions. Lisez à haute voix les répliques pour vérifier qu'elles sonnent juste.

Tenez compte du contexte

Rien de pire qu'une réponse inconsistante qui tombe à côté de la plaque. Pour obtenir des interactions pertinentes, il faut mémoriser le plus d'information possible sur l'utilisateur et le contexte de la discussion. Ces informations permettront de lever les ambiguïtés et de donner des réponses plus pertinentes. Si cette pertinence n'est pas avérée, il vaut mieux poser une ou plusieurs questions additionnelles afin de préciser le contexte. Dans le pire des cas, il vaut mieux que le chatbot avoue qu'il n'a pas compris plutôt que de donner une mauvaise réponse.

Respectez les codes sociaux et culturels

Le chatbot doit respecter les codes sociaux et culturels, en particulier lors des phases d'introduction et de conclusion des discussions. L'utilisateur s'attend à du naturel et de la politesse : dire bonjour et au revoir par exemple, même si cela peut prendre des formes assez différentes en fonction des personnages. De même, l'utilisateur préférera toujours qu'on s'intéresse à lui, qu'on parle de lui, plutôt que du chatbot proprement dit. Le respect de la vie privée est également essentiel.

Faites simple, mais pas trivial

L'utilisateur aime la simplicité. Plutôt que des phrases longues et alambiquées, des choix multiples et ambigus, il est préférable d'avoir des phrases courtes avec un vocabulaire compréhensible par tout le monde, des questions qui aboutissent à des réponses simples, si possible binaires. La simplicité c'est aussi la liberté de ne pas répondre, de changer de sujet. C'est également d'être prédictible, c'est-à-dire que l'utilisateur doit savoir à quoi s'attendre dans la grande majorité des cas. Il vaut toujours mieux commencer par une première version simplifiée, puis la complexifier ensuite progressivement. L'inverse est toujours plus difficile.

Testez et retestez encore

La clé de la réussite réside pour une large part dans un processus de développement itératif et d'amélioration continue. Rien de vaut en effet des tests répétés avec des utilisateurs pour vérifier la manière dont ils perçoivent le personnage et les éventuels problèmes qui peuvent survenir.

Troisième partie :
Développer un chatbot

11
Les technologies

Signes, symboles et objets

Basiquement, un chatbot est un système conçu pour dialoguer avec un utilisateur humain en employant le langage naturel. Il s'agit d'une communication bidirectionnelle, où l'un des acteurs, l'utilisateur humain ou le chatbot, émet un message et auquel l'autre répond.

Notons au passage qu'un nombre important de chatbots ne sont pas à l'initiative de la communication. Ils ne font que répondre aux sollicitations de l'utilisateur. Toutefois, un chatbot peut tout à fait initier un message, en particulier pour débuter la conversation, relancer l'interlocuteur, ou simplement pour reproduire la dynamique naturelle d'une conversation.

Dans ce schéma, l'un comme l'autre sont successivement émetteur et récepteur de messages au travers d'un dispositif de communication. Un tel système est une variante bidirectionnelle du principe de la communication établie par Claude Shannon (1916-2001) en 1948 (Shannon 1948). Nous n'aborderons pas dans ce livre, la partie qui relève du canal de communication, du codage et du décodage. Nous nous concentrerons sur l'échange de message proprement dit. Outre l'aspect bidirectionnel, l'autre point important réside dans le fait que l'un des acteurs n'est pas humain, mais un programme d'ordinateur. Nous ne reviendrons pas ici sur l'importance des travaux d'Alan Turing dans ce domaine (cf. chapitre 2).

Le concept de communication est indissociable des concepts d'information, de représentation et de sens. On peut définir succinctement l'information comme l'ensemble des signes, des symboles, des données, des messages que l'on peut concevoir, émettre, transporter, recevoir, interpréter.

Les signes ou signaux utilisés pour véhiculer l'information peuvent être eux-mêmes désignés, signifiés, en tant que symboles. L'étude des systèmes de signes, tels que les langues, codes, etc., est l'objet de la sémiologie. D'emblée, on voit surgir les notions importantes de signes, donc de syntaxe, et de symboles, donc de sens.

Charles S. Pierce (1839-1914), fondateur de la sémiologie aux États-Unis, définissait la fonction symbolique de la manière suivante (Pierce 1978) : « Il y a fonction symbolique quand il y a des signes. Un signe est quelque chose tenant lieu de quelque autre chose pour quelqu'un, sous quelque rapport ou à quelque titre. »

Par exemple, le dessin d'une balance peut être une simple représentation de l'objet. Placé sur le pare-brise d'une voiture, il symbolise alors l'ordre des avocats. Mais ce signe n'est pas évident pour tout le monde : il faut connaître cette convention. Ainsi, un symbole peut avoir une dimension individuelle ou bien collective.

Une autre définition du symbole est la capacité de se représenter l'absent. C'est un élément perceptible qui renvoie à quelque chose qui ne l'est pas : quelque chose d'absent ou d'abstrait.

Les relations entre le signe, son sens et l'objet réel qu'il représente sont plus faciles à comprendre avec le « triangle sémiotique » (Ogden 1923). La base du triangle relie le signe à l'objet qu'il représente à droite. Le signe symbolise également le sens qu'on y attache, au sommet du triangle, et qui se rapporte à l'objet. Dans notre cas, les signes sont les mots utilisés dans les messages. Ils établissent des symboles porteurs de sens dans notre esprit, et qui réfèrent à des objets du monde réel.

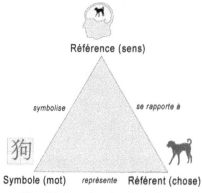

Fig. 21. Le triangle sémiotique.

Soulignons que si nous allons surtout nous intéresser au langage, c'est-à-dire à la communication verbale, la communication non verbale, par exemple au travers d'un avatar, est également présente avec les chatbots (cf. Chapitre 6). Les signes ne sont pas seulement des mots, mais visuels, comme l'expression d'une émotion par exemple, ou sonore, comme l'intonation de la voix ou l'utilisation de musiques ou de bruitages.

Cette problématique entre les signes, c'est-à-dire les mots et leur syntaxe, les symboles et leur sens, est au cœur de la problématique de l'IA. Elle fonde, d'une certaine manière, la différence entre la vision d'une IA forte, capable d'appréhender le sens, et faible, c'est-à-dire limitée à la manipulation de symboles. Pour qu'une IA forte puisse exister, il faudrait qu'elle puisse mettre en relation les signes, les symboles et les objets réels du monde physique. Cela ne peut exister que si cette IA possède une véritable perception du monde et l'expérience continue de cette perception.

Autant dire qu'aucun chatbot ne possède à ce jour cette capacité. Un agent conversationnel, dans l'état actuel des technologies, ne peut que traiter les signes et éventuellement une partie de leur sens au travers d'une ontologie du langage, par exemple.

Selon Francisco Varela (1946-2001), le désir de construire des significations, de produire du sens, est l'une des caractéristiques fondamentales de l'homme et elle trouve ses racines dans la nature même du vivant (Varela 1993). L'élément clé de la structuration biologique des individus est le couplage permanent entre la perception et l'action. C'est cette boucle sensori-motrice primordiale qui permet l'émergence de significations : l'action sur le monde réel suscite les perceptions qui en retour guident l'action. Dans ce contexte, la construction d'une signification est déclenchée par l'action et nourrie par les connaissances acquises par l'expérience antérieure.

Le traitement du langage

Pour être capable d'identifier correctement les intentions de l'utilisateur dans un message, il faut que les phrases brutes soient prétraitées afin de faciliter ensuite leur analyse.

On utilise classiquement un modèle de « pipeline NLP » (*Natural Language Processing*). Il s'agit d'une succession de traitements effectués sur la phrase qui produit à chaque étape une nouvelle représentation accessible ensuite lors de la phase d'analyse. La phrase brute est entrée dans le premier étage du pipeline, puis la phrase modifiée est ensuite passée au second étage et ainsi de suite. La structure pipeline à l'avantage d'être simple, mais elle a aussi un inconvénient : les erreurs s'y propagent également.

Chaque plateforme de développement de chatbot possède son propre pipeline. Certains n'intègrent que quelques étapes, d'autres sont plus complets. Les algorithmes et technologies sont également assez variés. Dans les lignes qui vont suivre, nous proposons un modèle fonctionnel assez général, mais il ne représente pas pour autant une approche systématique.

Le pipeline comprend six étapes principales : nettoyer, découper, étiqueter, lemmatiser, entités nommées, concepts. Nous allons les passer en revue pour comprendre leurs rôles et les représentations qu'elles produisent.

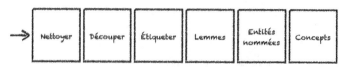

Fig. 22. Exemple de pipeline de traitement pour le langage naturel.

(1) *Nettoyer* :

Les phrases saisies par l'utilisateur ou issues de la reconnaissance vocale sont souvent « bruitées » au sens où elles contiennent fréquemment des caractères indésirables, des espaces et tabulations inutiles, des fautes de syntaxe, etc. Le rôle de ce module est donc de nettoyer la phrase afin d'obtenir une chaîne de caractère la plus « propre » possible. En général, plusieurs traitements simples sont effectués.

Le premier de ces traitements consiste en la suppression des espaces et tabulations inutiles, en particulier en début et fin de phrase.

Le second traitement consiste à passer l'ensemble des caractères en minuscule (*lower-case*) et remplace tous les caractères accentués par leur version non accentuée. Ainsi par exemple, en français, les caractères « é è ê ë » sont remplacés par un simple « e ».

Le troisième traitement élimine les signes de ponctuation qui ne sont pas nécessaires à la compréhension de la phrase et, dans certains cas, en ajoute, par exemple en fin de phrase.

Le quatrième traitement est ce que l'on appelle un *stemmer* : son rôle consiste à modifier certaines abréviations utilisées dans une langue particulière afin d'obtenir une expression normalisée plus facile à traiter ensuite. Un tel traitement est donc très spécifique à la langue choisie. Un *stemmer* pour l'anglais transformera par exemple les termes « i'm » en l'expression développée « i am », alors qu'un *stemmer* pour le français remplacera les termes « j'ai » par « je ai ».

Dans certaines applications, un correcteur d'orthographe ou un module de complétion automatique peuvent être aussi utilisés en amont des traitements. Toutefois, il faut être conscient qu'ils sont susceptibles d'introduire des erreurs d'interprétation en modifiant certains termes.

Pour illustrer les traitements effectués par ce premier module, voici l'exemple d'une phrase saisie par un utilisateur et la chaîne de caractères obtenue en sortie :

"J'AIME la technologie Numérique, quand elle me facilite l'existence"

"je aime la technologie numerique quand elle me facilite la existence."

(2) *Découper* :

Le second module est une phase classique du traitement lexical appelé du terme anglais de *tokenizer*, provenant du terme *token*. Il s'agit de découper le texte en phrases, puis chaque phrase en mots bien séparés. En fonction des librairies de traitement utilisées, les mots sont soit séparés par des espaces simples, soit stockés dans un tableau (*array*).

"bonjour. vous allez bien ?"

donne deux phrases :

"bonjour ." et "vous allez bien ?"

ou alors :

["bonjour", "."] et ["vous", "allez", "bien", "?"]

(3) *Étiqueter* :

Cette phase consiste à étiqueter chaque *token* ou mot en fonction de sa fonction dans la phrase. En analyse lexicale, on appelle cela le POS *tagging*, POS étant l'acronyme de *part-*

of-speech. Ainsi, en anglais, on distingue neuf fonctions différentes : nom, verbe, article, adjectif, préposition, pronom, adverbe, conjonction et interjection. Toutefois, ces cas de base peuvent être complétés par des informations comme le genre, pluriel ou singulier, etc. Certains outils définissent de 50 à 150 étiquettes (*tags*) différentes, avec des codes courts comme, par exemple dans le *Brown Corpus*, NN pour les noms communs singuliers, NNS pour les noms communs pluriels, NP pour les noms propres propres, VB pour les verbes dans leur forme de base, etc.

L'étiquetage joue un rôle important pour désambiguïser le sens de certains termes dans une phrase. Ainsi, par exemple, le terme « dogs » dans la phrase suivante peut être compris de deux façons :

"the man dogs her every steps ."

Alors que dans le cas le plus courant, le terme fait référence à plusieurs chiens, il correspond ici au verbe qui signifie « suivre de près avec persistance ». Le marquage correct du terme en tant que verbe permettra ainsi de lever l'ambiguïté.

Les algorithmes d'étiquetage POS utilisent généralement un lexique comprenant des termes simples à identifier dans la phrase, comme les pronoms par exemple, adjoint à une analyse du contexte grammatical. D'autres approches mettent en œuvre des chaînes de Markov, de la programmation dynamique ou, plus récemment, des réseaux de neurones. À titre d'illustration, en 2011, Slav Petrov et ses collègues ont proposé un système d'étiquetage universel, c'est-à-dire indépendant de la langue (Petrov 2011). Voici un exemple de marquage sur une phrase en anglais :

"The oboist Heinz Holliger has taken a hard line about the problems ."

donne :

"DET NOUN NOUN NOUN VERB VERB DET ADJ NOUN ADP DET NOUN ."

(4) : *Lemmatiser* :

Les mots peuvent revêtir plusieurs formes, en particulier les verbes en fonction du temps et de l'accord employés dans la phrase. Dans de nombreux cas, l'écriture d'une règle d'inférence ne requiert pas la détermination fine de quelle version du terme est utilisée. Ainsi, l'action de « payer » peut s'écrire en anglais comme *pay, paying, paid*, etc. L'écriture d'une règle sera donc plus simple si l'on ne cherche à détecter que l'action de payer sans trop se soucier de la conjugaison.

Cette forme canonique d'un mot est appelée un « lemme » en linguistique. Cette notion désigne une unité autonome du lexique, ou unité lexicale, d'une langue. Elle correspond généralement à une unité sémantique qui constitue une entrée dans un dictionnaire. La lemmatisation, c'est-à-dire l'identification des lemmes, est basée sur des dictionnaires qui répertorient toutes les formes de chaque mot. Le dictionnaire le plus populaire est *WordNet*. Voici un exemple en français :

"il faut que j'analyse cette affaire ."

donne la chaîne suivante après lemmatisation :

"il falloir que je analyser ce affaire ."

Notons au passage que la lemmatisation d'une phrase supprime de l'information plutôt qu'elle en ajoute. Ainsi, les informations de nombre (singulier ou pluriel), de temps (conjugaison des verbes) disparaissent.

(5) *Entités nommées* :

Ce traitement permet de distinguer dans une phrase ce que l'on appelle une entité nommée (*named entity*). Il s'agit des noms propres, prénoms, entreprises, organisations, pays, villes, adresses, dates, numéros de téléphone, etc.

Dans le cas d'une date, par exemple, celle-ci peut être exprimée sous différents formats : « 9/1/2017 », « 9 janvier »,

« lundi prochain », etc. Il est donc utile de convertir ces différentes représentations en un format unifié pour faciliter ensuite les traitements. C'est aussi le cas pour tout ce qui est un nombre. Dans le cas d'un nom propre, il est important de l'étiqueter de manière à déterminer sa nature. Ainsi, dans l'exemple suivant en langue anglaise, le module de reconnaissance des entités nommées donnera un résultat du type :

"john bought 1000 shares of google inc in 2015 ."

donne :

"[John]Person bought [1000]Number shares of [Google Inc.]Organization in [2015]Time ."

(6) *Concepts* :

Le dernier traitement du pipeline permet d'extraire des catégories, classes ou concepts de la phrase. Il s'agit de rassembler sous une même forme tous les synonymes d'un mot, ou bien tous éléments de même nature. Ainsi, il y a de nombreuses façons de dire « bonjour » en anglais : *hello, hi, howdy*, etc., mais la signification est toujours identique : *hello*. De la même manière, dans certaines applications, il peut être utile de répertorier tous les animaux *dog, cat, horse*, etc., dans une même catégorie *animal*.

Ainsi, il est plus facile d'écrire des règles qui, en cherchant des concepts plutôt que des mots particuliers dans une phrase, vont être plus générales et limiter ainsi la combinatoire des cas à traiter.

Il existe d'autres types de traitements possibles, mais nous avons réuni ici les principaux. Afin de les mettre en œuvre dans un projet de chatbot, il n'est généralement pas nécessaire de redévelopper tel ou tel module. En pratique il existe de nombreux outils et codes disponibles, ouverts et gratuits. Citons par exemple les librairies de traitement du langage naturel comme NLTK ou bien Stanford NLP. Ces outils sont respectivement accessibles sur les sites :

http://www.nltk.org

https://nlp.stanford.edu/software/

Lexiques, dictionnaires et ontologies

Une fois la phrase « nettoyée » et préparée, la phase d'analyse peut commencer. Celle-ci représente l'un des domaines de recherche parmi les plus importants et anciens de l'IA. Nous n'avons pas l'ambition de faire un état de ces travaux ici, mais de présenter quelques mécanismes élémentaires d'analyse.

En général, un système d'analyse du langage comprend deux étapes principales. La première consiste à identifier la catégorie lexicale de chaque mot. Par exemple, dans la phrase « le chien a mordu la voisine », le mot « chien » sera identifié comme un nom commun.

La seconde étape permet ensuite d'identifier les structures lexicales qui composent la phrase. Ainsi, dans notre exemple, « le chien » et « la voisine » seront identifiés comme des groupes nominaux et « a mordu » comme le groupe verbal.

Ce type d'analyse, qui a pour but la compréhension de la phrase, est effectué par des règles de transformation qui définissent une grammaire du langage. Voici à titre d'illustration deux règles élémentaires :

article + nom commun => groupe nominal

groupe nominal + groupe verbal => phrase

Afin d'effectuer ces traitements, les connaissances concernant la nature des termes sont regroupées dans des lexiques, des dictionnaires ou des ontologies. Ceux-ci peuvent être généraux ou bien spécifiques lorsque l'on s'intéresse à des applications utilisant des vocabulaires particuliers à certains secteurs où domaines.

Un *lexique* est la liste ou l'ensemble des mots, ou de

manière plus précise des lemmes (ou entrées) d'une langue ou d'un domaine. Dans le langage courant, on utilise plutôt le terme de vocabulaire.

Un *dictionnaire* contient l'ensemble des mots d'une langue ou d'un domaine, généralement présenté par ordre alphabétique et fournissant pour chacun une définition, une explication ou une correspondance (synonyme, antonyme, cooccurrence, traduction, étymologie).

Une *ontologie* est un ensemble structuré des termes et concepts représentant le sens d'un champ d'information. C'est la spécification d'une conceptualisation, c'est-à-dire une vue abstraite et simplifiée du monde que l'on veut représenter (Gruber 1993). Une ontologie est un modèle de données organisé généralement sous la forme d'un graphe entre termes et concepts dont les relations sont sémantiques. Elles décrivent généralement :

(1) Les *individus* : les objets de base ;

(2) Les *classes* : ensembles, collections, ou types d'objets ;

(3) Les *attributs* : propriétés, fonctionnalités, caractéristiques ou paramètres que les objets peuvent posséder et partager ;

(4) Les *relations* : les liens que les objets peuvent avoir entre eux ;

(5) Les *événements* : changements subis par des attributs ou des relations ;

(6) Les *métaclasses* : des collections de classes qui partagent certaines caractéristiques.

Un des outils parmi les plus connus et utilisés est *Wordnet*, une base de données lexicale développée par des linguistes du laboratoire des sciences cognitives de l'université de Princeton depuis une vingtaine d'années. *Wordnet* est disponible gratuitement et possède de nombreux outils et interfaces avec la plupart des langages de programmation. *Wordnet* est accessible sur le site :

https://wordnet.princeton.edu

Approche symbolique par règles

Les chatbots sont potentiellement basés sur deux grandes catégories de technologies : celles qui reviennent directement ou indirectement à exécuter des règles pour analyser la phrase et sélectionner une réponse à partir d'une base de connaissance prédéfinie, et celles qui utilisent des modèles d'apprentissage (*machine learning*). Notons de suite que les deux technologies ne sont pas forcément exclusives l'une de l'autre.

Le principe d'un système symbolique basé sur des règles d'inférence remonte aux premiers travaux de l'IA sur les systèmes formels et le traitement symbolique. Le premier d'entre eux fut LTM (*Logic Theory Machine*) développé en 1955 et 1956 par Allen Newell, Herbert A. Simon and Cliff Shaw (Newel 1956). LTM était basé sur la logique des propositions et n'utilisait qu'une seule forme de règle, le *modus ponens*, le plus connu des syllogismes hypothéticodéductifs des philosophes stoïciens. Celui-ci peut s'exprimer simplement de la façon suivante :

Si vous avez A vrai **et** l'expression (A Alors B) vraie,

Alors vous avez aussi B vrai.

Autrement dit, le *modus ponens* est une règle de déduction logique qui, une fois appliquée, permet des déductions comme l'exemple célèbre :

Si Socrate est un homme **et si** un homme est mortel

Alors Socrate est mortel.

Toutefois, l'âge d'or du développement des systèmes à

règles reste celui des systèmes experts dans les années 1970 et 1980 (Jackson 1999). La plupart des systèmes à règles possèdent une même architecture générale comprenant essentiellement :

(1) Une *base de connaissance* comprenant des *règles* du type :

Si < liste de conditions >

Alors < liste de conclusions >

(2) Une *base de faits*, c'est-à-dire une mémoire qui stocke les conclusions qui ont été vérifiées.

(3) Un *moteur d'inférence*, autrement dit un algorithme qui effectue les déductions logiques en parcourant les règles. Les deux principaux modes de fonctionnement sont le chaînage avant ou déductif et le chaînage arrière ou inductif (cf. figure 23).

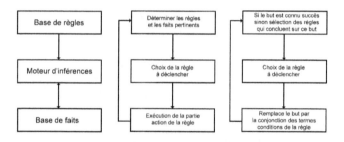

Fig. 23. La structure d'un système expert (à gauche) permet de séparer le moteur d'inférence de la base de connaissances. Les deux modes de fonctionnements sont le chaînage avant ou déductif (au centre) et le chaînage arrière ou inductif (à droite).

Dans le cas d'un chatbot, les conditions des règles peuvent être la présence de certains mots clés dans la phrase de l'utilisateur, la correspondance avec un motif de phrase particulier, des tests sur certains paramètres du contexte, etc.

Les actions des règles sont des conclusions permettant de transformer la phrase de l'utilisateur, de dérouler un raisonnement, de modifier certaines variables contextuelles, ou bien la sélection d'une réponse prédéfinie, etc.

L'ensemble des règles forme la base de connaissances du chatbot. Elle est bien évidemment très dépendante de l'application envisagée. Les règles sont soit codées directement dans le langage de développement natif du chatbot, soit dans un langage intermédiaire spécifique qui permet de séparer le code du moteur de la base de connaissance. Les règles sont alors éditables dans un fichier texte sous la forme d'un script, ce qui facilite leur développement. Ainsi, AIML dont nous avons déjà parlé est un exemple typique de cette approche avec une syntaxe héritée du standard XML :

```
<category>
   <pattern>Quel est votre nom ?</pattern>
   <template>Mon nom est Mike.</template>
</category>
```

Cette règle signifie simplement que si la phrase de l'utilisateur contient la chaîne « Quel est votre nom ? » alors le chatbot affichera « Mon nom est Mike. »

Voici la traduction de la même règle dans une autre technologie de chatbot comme *ChatScript* développé par Bruce Wilcox, vainqueur du Loebner Price à plusieurs reprises (cf. Annexe) :

```
?: ( << Quel est votre nom ? >> )
   mon nom est Mike.
```

La plupart des technologies à base de règles permettent de nombreuses sophistications. Une illustration commune est la possibilité d'utiliser des catégories ou concepts à la place de mots clés, ce qui réduit fortement le nombre de règles à produire. Par exemple, dans *ChatScript*, la règle suivante sera validée pour toutes les phrases commençant par le mot clé « you », suivi des deux concepts « ~like » et « ~animal » :

```
? : ( << you ~like ~animals >> )
  I love all animals.
```

La même règle réécrite en utilisant ANNA, une API *JavaScript* connexionniste développée par l'auteur (Heudin 2017) :

```
var myrule = new nRule();
myrule.operator = function () {
    var cat = this.inputs[1].cval;          // categories
    if (cat.find("you") && (cat.find("[LIKE]") && cat.find("[ANIMAL]")))
        this.cval = "I love animals.";
    else this.cval = "";
    }
```

En pratique, les catégories sont souvent implémentées simplement sous la forme de liste de mots. Les outils disponibles proposent des catégories prédéfinies qui couvrent les concepts les plus généraux, mais le développeur peut facilement créer les siennes.

On remarquera dans les exemples précédents que plus le langage d'expression des règles est « ouvert », plus la technologie de chatbot est potentiellement puissante, mais plus elle nécessite en retour des développeurs confirmés. Pour pallier cette difficulté, certains outils de développement de chatbots proposent plutôt des interfaces de saisie des règles par l'intermédiaire de formulaires. C'est ainsi le cas pour *Chatfuel* par exemple. L'avantage est de rendre le développement accessible à des non-programmeurs, mais en réduisant significativement l'éventail des possibilités.

Un point positif pour les chatbots à base de règles est que même avec seulement quelques règles, le chatbot peut commencer à fonctionner, ce qui rend beaucoup plus facile une démarche de développement itératif. En outre, il est assez facile de tracer le déclenchement des règles, ce qui facilite la mise au point et la compréhension des raisonnements qu'effectue le chatbot.

Le principal problème de l'approche à base de règles réside dans la difficulté croissante à développer et maintenir une base de connaissances. Non seulement le nombre de règles peut devenir très important, avec souvent plusieurs milliers de règles, mais toute nouvelle règle peut potentiellement entrer en conflit avec d'autres, plus anciennes. Dans certains cas, il devient impossible d'améliorer le comportement du chatbot et toute nouvelle règle ajoutée dégrade alors sa qualité.

L'approche par règles semble donc plus adaptée pour des projets de taille raisonnable et ceux où l'explicabilité du comportement du chatbot est impérative. En effet, les systèmes à règles sont programmés ou scriptés et leur fonctionnement est donc entièrement traçable, contrairement aux technologies basées sur l'apprentissage machine et les réseaux de neurones.

Approche par apprentissage machine

L'apprentissage machine (*Machine Learning*) représente l'alternative à l'approche basée sur des règles. Elle trouve sa justification pour les chatbots dont le nombre de règles est potentiellement très important, ce qui est courant pour des applications professionnelles.

L'avantage évident réside dans le processus de conception qui revient à collecter les données de dialogue. Les tâches de programmation sont donc plus limitées et le développement se concentre sur la phase d'entraînement et de tests. Autrement dit, au lieu de programmer les règles, on fournit au système des exemples et celui-ci crée lui-même le modèle d'analyse. La contrainte est d'avoir à sa disposition un nombre important d'exemples d'interactions, à minima quelques centaines, mais il est préférable d'en avoir plusieurs milliers, voir parfois beaucoup plus.

On pourrait croire que cette approche est de loin la meilleure, mais elle rencontre néanmoins plusieurs difficultés. La première est celle de l'accès et de la disponibilité des données. Il faut en effet disposer d'un corpus d'exemples significatifs et de bonne qualité pour obtenir un résultat satisfaisant. L'approche est donc intrinsèquement moins itérative. Les tâches de mise au point et de maintenance sont également plus délicates, car un réseau de neurones a la fâcheuse tendance à se comporter comme une « boîte noire » où il est difficile de comprendre ce qui se passe réellement.

Banane

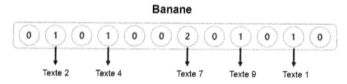

Fig. 24. Exemple de codage du mot « Banane » sous la forme d'un vecteur où les valeurs indiquent son occurrence dans une série de documents.

Un des technologies parmi les plus en vogue utilise des réseaux de neurones avec un modèle de codage appelé *word embedding*.

Les réseaux de neurones sont particulièrement efficaces pour la reconnaissance de formes dans des images, celle-ci étant codée sous la forme de matrices de pixels. Le problème est donc de trouver un moyen de coder une suite de mots pour la représenter de façon adéquate.

Les systèmes de traitement du langage naturel traditionnellement traitent les mots comme des symboles atomiques discrets. Ainsi, un « chien » sera représenté par un identifiant arbitraire, par exemple *id12345*, et « chat » par un autre identifiant arbitraire, comme *id54321*. Ce mode de représentation n'est pas adapté aux réseaux de neurones, car ils ne « contient » aucune information utile, comme par exemple le fait que les deux animaux sont des mammifères à quatre pattes. En outre, les identifiants sont des références et ne constituent pas des valeurs numériques sur lesquels on peut faire des calculs.

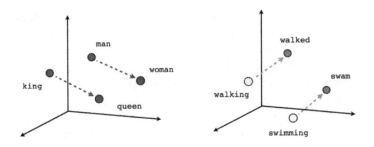

Fig. 25. Illustration (ici limitée à trois dimensions) de mots et de leur proximité sémantique. Les valeurs vectorielles donnent leur position dans l'espace des concepts.

Les phrases étant des suites de mots, la première idée est de les représenter sous la forme de vecteurs. Rien de bien nouveau. La seconde idée est de représenter également chaque mot par un vecteur de nombres réels, avec des valeurs qui seront d'autant plus proches que les mots apparaissent dans des contextes similaires (cf. figures 24 et 25). Ainsi, le vecteur pour le mot « chien » est proche du vecteur du mot « chat » dans l'espace où sont définis ces vecteurs. Grâce à cette approche, on peut effectuer des calculs intéressants sur les vecteurs, comme par exemple exemple trouver le degré de similitude entre deux mots :

similarity ("woman", "man") = 0.73723527

ou bien de façon plus étonnante :

"woman" + "king" - "man" = 0.508 = "queen"

La méthode pour construire ce type de modèles d'espaces vectoriels consiste à entraîner un réseau de neurones à deux couches avec un grand volume de textes. Il existe deux grandes approches appelées respectivement CBOW (*Continuous Bag-of-Words*) et *Skip-Gram* (Mikolov 2013). La première prédit un mot cible, par exemple « panier », à partir des mots du contexte source comme « le chat se trouve dans le », tandis que la seconde effectue l'inverse et prédit les mots clés sources grâce à un mot proche. Le contexte est représenté comme un « sac des mots » contenus dans une fenêtre de taille fixe autour du mot cible. Parmi les outils disponibles en « open source », citons *Word2vec* dans l'environnement *TensorFlow* et *FastText* issu des recherches de Facebook respectivement accessibles sur les sites :

https://www.tensorflow.org/tutorials/word2vec

https://github.com/facebookresearch/fastText

https://fasttext.cc

Références

Gruber, T.R., 1993. Towards Principles for the Design of Ontologies Used for Knowledge Sharing in Formal Ontology, in *Conceptual Analysis and Knowledge Representation*, Dordrecht : Kluwer Academic Publishers.

Jackson, P., 1999. *Introduction To Expert Systems*, Harlow: Pearson.

Mikolov, T., Sutskever, I., Chen, K., Corrado, G., Dean, J., 2013. *Distributed Representations of Words and Phrases and their Compositionality*, arXiv:1310.4546

Newel, A., Simon, H.A., 1956. *The Logic Theory Machine: A Complex Information Processing System*, P-868 report, The Rand Corporation.

Ogden, C.K., Richards, I.A., 1923. *The meaning of Meaning: A study of the influence of Language upon Thought and of the Science of Symbolism*, Magdalene College, University of Cambridge.

Petrov, S., Das, D., McDonald, R., 2011. A Universal Part-of-Speech Tagset, arXiv:1104.2086.

Pierce, S.C., 1978. *Écrits sur le signe*, Paris : Le Seuil, 215.

Shannon, C.E., 1948. A Mathematical Theory of Communication, *Bell System Technical Journal*, vol. 27, 379-423

& 623-656.

Varela, F., Thompson, E., Rosh, E., 1993. *L'inscription corporelle de l'esprit : Sciences cognitives et expérience humaine*, Paris : Le Seuil, Coll. La couleur des idées.

12

Architecture d'un chatbot

Architecture générale

Il existe une grande variété possible d'architectures pour les chatbots. Vu l'étendue des choix possibles et des technologies, nous n'avons pas la prétention de l'exhaustivité ni celle de proposer une « organisation ultime ».

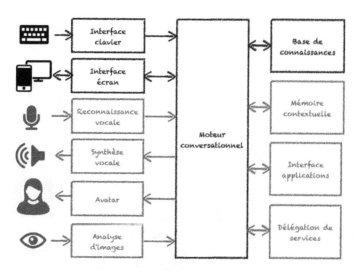

Fig. 26. Architecture fonctionnelle générique d'un chatbot.

Le modèle que nous proposons est néanmoins assez général pour englober de nombreuses applications. Pour certaines applications spécifiques ou plus complexes, il conviendra de définir une architecture fonctionnelle mieux adaptée aux objectifs et contraintes. Le schéma général de notre modèle regroupe les blocs les plus couramment mis en œuvre (cf. figure 26). Au centre, on trouve le moteur conversationnel, c'est-à-dire le « cerveau » du chatbot. Sur la gauche sont placées les principales interfaces d'entrée et de sortie. Sur la droite, quatre blocs viennent compléter le moteur conversationnel. Nous avons représenté l'architecture minimale d'un chatbot en noir. Les blocs optionnels que l'on ne retrouve pas systématiquement dans tous les chatbots existants sont en gris.

Si le chatbot est généralement hébergé sur un serveur, certains blocs ou fonctions peuvent être exécutés également dans un système de Cloud, ou parfois même localement, c'est-à-dire sur l'ordinateur, la tablette ou le mobile de l'utilisateur. Ainsi, par exemple, la synthèse-reconnaissance vocale et l'IA proprement dite de *Siri* d'Apple sont exécutées sur un système de serveurs, alors que l'interface visuelle et sonore de l'application s'exécute localement sur le smartphone.

L'architecture typique d'un chatbot, outre le moteur conversationnel et sa base de connaissance, comprend au minimum un système de saisie et d'affichage des dialogues sous une forme textuelle. Selon les cas, la saisie directe des phrases par l'utilisateur et l'affichage de la conversation peuvent s'effectuer dans des interfaces spécifiques, par exemple sur une page Web, ou bien intégrées dans une application de messagerie instantanée, ou bien directement dans le fil de dialogue d'un réseau social. Les cas sont donc multiples et les implémentations dépendent alors directement de l'environnement auquel est destiné le chatbot. Les plateformes de développement fournissent généralement des interfaces ou « connecteurs » aux principaux réseaux sociaux et messageries instantanées.

Le *moteur conversationnel* est la partie centrale de l'architecture du chatbot. Son rôle consiste à analyser la phrase de l'utilisateur et d'élaborer une réponse appropriée. Pour cela, il met en œuvre des techniques de traitement du langage naturel et des modèles d'analyses obtenus par apprentissage ou bien des règles, parfois les deux.

La *mémoire contextuelle* a pour rôle de stocker les informations connues sur l'utilisateur et le contexte de la conversation. A minima, il s'agit du profil de l'utilisateur, c'est-à-dire son prénom, nom, date de naissance, etc. Ces données sont apprises lors des dialogues ou bien récupérées par l'intermédiaire des informations accessibles sur les médias sociaux. Pour compléter ces données de base, la mémoire contextuelle inclut l'historique des conversations, la liste des principaux sujets abordés, les goûts, les derniers achats effectués, et toute autre information jugée utile. Une manière classique d'implémenter une mémoire contextuelle est une liste (ou un arbre) de paires attribut-valeur.

L'*interface avec les applications* concerne généralement l'accès à des « app » localisées sur le mobile ou l'ordinateur de l'utilisateur lorsqu'il dialogue avec le chatbot. Un exemple classique avec *Siri* est l'accès à la base des contacts et à l'agenda présents sur le smartphone.

Le *module de délégation de services* permet au chatbot d'accéder à des services développés par des tiers comme la météo, la diffusion de musique, la réservation d'un moyen de transport, l'achat d'objets, etc. Dans certains chatbots, on nomme ces délégations des compétences (*skills*).

En plus de l'*interface textuelle* qui permet la saisie des messages et l'affichage du dialogue, il existe plusieurs autres façons d'interagir avec un chatbot. La plus répandue concerne la capacité de *reconnaissance et de synthèse vocale*. Au lieu de taper du texte et lire les messages dans une fenêtre de dialogue, l'utilisateur parle et le chatbot répond avec une voix synthétique. Longtemps déceptive du fait de ses résultats médiocres, la technologie a fait un bond qualitatif en avant avec l'essor du *Deep Learning* qui autorise aujourd'hui des performances tout à fait acceptables aussi bien en reconnaissance qu'en synthèse.

La *représentation du chatbot* par un avatar, animé ou non, est aussi courante. Il y a plusieurs avantages à cela. D'une part, un avatar permet d'incarner le personnage du chatbot, ce qui peut présenter un intérêt pour une marque par exemple. D'autre part, il participe à la communication non verbale avec l'utilisateur, entre autres au niveau émotionnel si l'avatar a la capacité d'exprimer certaines émotions.

Enfin, bien que plus rares, certains chatbots accèdent à la caméra présente sur le mobile ou la tablette pour analyser l'état émotionnel de l'utilisateur et ainsi obtenir des informations pour adapter leurs réponses.

Le moteur conversationnel

Le moteur conversationnel représente en quelque sorte le « cerveau » du chatbot. C'est son intelligence. C'est lui qui analyse les phrases de l'utilisateur et génère une réponse.

Pour un néophyte de l'IA, cela paraît difficile, presque magique. Pour un programmeur, au contraire, la tâche semble dans un premier temps assez facile. Il suffit en effet *a priori* de repérer quelques mots clés dans la phrase de l'utilisateur et de créer une réponse adéquate, par exemple en choisissant dans une liste de réponses prédéfinies. C'est vrai, du moins pour des applications très simples. Toutefois lorsque l'on considère des applications plus réalistes, on se rend rapidement compte de l'ampleur de la combinatoire des cas à envisager et de la difficulté à analyser des propos pour comprendre l'intention de l'utilisateur.

Les moteurs conversationnels sont généralement organisés en trois grands blocs fonctionnels qui prennent en entrée la phrase de l'utilisateur et génèrent en sortie la réponse du chatbot.

Le premier bloc fonctionnel est celui des *traitements du langage*. Il a pour rôle de réaliser une succession de traitements sur la phrase de l'utilisateur. En effet, dans la plupart des applications, celle-ci provient soit d'une interface de reconnaissance vocale, par définition perfectible, soit d'une saisie par l'utilisateur sur le clavier d'un smartphone, par exemple dans le cas d'une messagerie instantanée. Le texte produit, par conséquent, doit être « nettoyé » afin de le rendre utilisable. Ce bloc effectue également une série de traitements assez classiques sous la forme d'un pipeline permettant d'extraire de la phrase des informations syntaxiques et sémantiques utiles pour l'analyse (cf. chapitre 11).

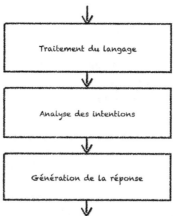

Fig. 27. Architecture typique d'un moteur conversationnel.

Le second bloc fonctionnel est celui de l'*analyse des intentions*. Il a la lourde tâche de « comprendre » l'intention de l'utilisateur en s'appuyant sur la phrase qu'il vient de produire, l'extraction de ses caractéristiques lexicales et sémantiques, du profil de l'utilisateur, du contexte et de l'historique des conversations précédentes. Il s'agit là de la partie la plus délicate, celle dont dépend essentiellement la pertinence de la réponse. Comme nous l'avons évoqué dans le chapitre précédent, ce bloc est soit conçu sur une technologie à règles, soit avec de l'apprentissage machine, parfois les deux.

Le troisième bloc fonctionnel est chargé de la *génération de la réponse*. Une fois l'intention de l'utilisateur établie, il convient de répondre à son problème en générant une réponse adéquate ou bien en déléguant à un autre module logiciel s'il s'agit de déclencher une action dans une application ou de faire appel à un service tiers. Si l'intention de l'utilisateur n'est pas totalement claire, c'est à dire avec une probabilité ou un score insuffisant, il s'agit alors de continuer le dialogue afin de préciser sa demande.

Nous allons passer en revue ces deux derniers blocs fonctionnels dans les lignes qui vont suivre.

L'analyse des intentions

Une fois les prétraitements effectués sur la phrase de l'utilisateur, le chatbot dispose d'un ensemble d'informations qui lui permet d'analyser la demande afin d'en extraire les intentions.

Le concept d'intention (*intent*) est central au module d'analyse du chatbot. Il représente la modélisation d'un objectif de l'utilisateur. Il peut être également décrit comme la correspondance (*mapping*) entre ce que dit l'utilisateur et une action que doit effectuer le chatbot. Les intentions sont généralement prédéfinies ou développées spécifiquement pour répondre à certaines requêtes de l'utilisateur. Une intention est souvent codée sous la forme d'une structure de données ou d'un objet. Elle peut être définie a minima avec un identifiant auquel sont associées plusieurs informations comme :

Qui ou quoi : c'est l'entité nommée qui définit l'objet de l'intention.

Quand : donne une information temporelle, de calendrier par exemple.

Où : donne une information de localisation, par exemple une adresse.

Voici un exemple simple qui illustre cette notion. L'utilisateur dit ou saisit la phrase suivante :

« Envoie des fleurs à Julie pour son anniversaire. »

Dans un premier temps, le module de traitement du langage extrait les informations utiles de la phrase, puis le module d'analyse associe la requête de l'utilisateur à une intention. La détection et la sélection d'une intention sont généralement basées sur un ensemble d'exemples ou de motifs (*patterns*) choisis par le développeur et qui sont associés à la définition de l'intention. Les exemples sont annotés de manière à associer certains termes à des variables qui servent de paramètres pour la réponse ou l'appel d'un service. Plus il y a d'exemples et plus l'agent est capable de reconnaître efficacement l'intention et d'extraire avec pertinence les paramètres nécessaires. Le logiciel crée donc à partir des exemples annotés un ensemble de filtres qui servent à détecter les intentions par appariement (*pattern matching*). Ainsi, la phrase de notre exemple est associée par le module d'analyse à l'intention d'envoyer des fleurs :

```
Intention : envoyez_fleurs
Qui : Julie (?)
Quand : anniversaire (?)
Où : (?)
```

L'entité nommée « Julie » est ensuite retrouvée par une recherche dans l'historique, le profil de l'utilisateur ou bien dans ses contacts, ce qui permet de renseigner la date de son anniversaire et son adresse. On obtient alors :

```
Intention : envoyez_fleurs
Qui : Julie Martin
Quand : 15/07/2018
Où : 22 rue de la Convention, 75015 Paris
```

En cas d'information manquante, ou bien si l'utilisateur connaît plusieurs « Julie », le module d'analyse doit poser des questions complémentaires afin de préciser ou confirmer, comme par exemple :

« Est-ce bien à Julie Martin que vous souhaitez envoyer des fleurs ? »

Cette confirmation est obtenue aisément en instanciant la variable *name* d'un *template* associé à l'intention :

« Est-ce bien à $name que vous souhaitez envoyer des fleurs ? »

Une intention n'est donc pas uniquement une simple structure de donnée. Elle doit être liée à des règles et une action. Les règles sont là pour sélectionner la bonne intention, puis valider l'ensemble des paramètres nécessaires à l'exécution de l'action associée à l'intention. Dans notre exemple, l'action correspondrait pour le chatbot à se connecter à un service tiers afin de commander effectivement les fleurs.

Dans les cas où le dialogue débouche sur plusieurs intentions, le développeur leur assigne des priorités différentes de manière à favoriser celle avec la plus haute priorité. Dans d'autres cas, la sélection de l'intention est effectuée par un calcul prenant en compte divers paramètres (*scoring*), mais où généralement le temps écoulé est un point important. La dernière requête de l'utilisateur est en effet souvent la plus prioritaire à satisfaire.

Enfin, lorsqu'aucune intention n'a été trouvée, le développeur peut ajouter des *fallback intents* correspondants à des traitements par défaut.

Selon les outils employés, les intentions sont soit codées « en dur » (non modifiables), scriptées avec un langage spécifique au chatbot, ou bien apprises avec de l'apprentissage machine (*machine learning*). Dans les chatbots les plus avancés, de nouvelles intentions peuvent être apprises dynamiquement au cours des dialogues en fonction des demandes des utilisateurs et ajoutées à la liste lorsqu'elles sont récurrentes.

Contextes et thèmes

En plus du concept central d'intention, deux autres concepts complémentaires sont souvent utilisés par les chatbots : les contextes (*contexts*) et les thèmes (*topics*).

En effet, il est rare de pouvoir détecter une intention et d'extraire tous les paramètres nécessaires dans une seule phrase de l'utilisateur. Le plus souvent, il manque des informations et certaines autres sont implicites. Pour les trouver, il faut que le chatbot ait la mémoire de la conversation, voire des conversations précédentes. Il peut aussi avoir besoin d'accéder aux informations du profil de l'utilisateur, son agenda, ses contacts, etc. Pour agréger les informations pertinentes relatives aux intentions qu'il est succeptible de gérer, les contextes sont donc très utiles. Par exemple, si un utilisateur est en train d'écouter de la musique et trouve un morceau qu'il apprécie particulièrement, il peut dire quelque chose comme :

« Je veux en entendre plus. »

Si le chatbot a mémorisé la référence de l'artiste dans un contexte associé à l'écoute de la musique, alors satisfaire l'intention correspondante à écouter un autre morceau du même auteur ou bien acheter son disque sera facilité. Dans le cas contraire, le chatbot sera incapable de répondre correctement au souhait de l'utilisateur.

Les contextes sont donc des ensembles de variables permettant de retrouver plus facilement des informations ultérieurement. La manière la plus simple de les implémenter consiste en une liste de doublets attribut-valeur.

En plus de ces variables, le contexte est associé à une durée de validité (*lifespan*) qui débute à partir de l'instant où l'intention correspondante a été sélectionnée. Elle peut varier de quelques secondes à un délai indéterminé en fonction des cas. Cette valeur est généralement fixée par le développeur ou bien automatiquement par le logiciel avec une durée par défaut de quelques minutes. On peut également associer une question à chaque attribut. Celle-ci sera posée à l'utilisateur dans le cas où il y a besoin d'obtenir sa valeur et que celle-ci n'a pas été initialisée. Les contextes sont généralement associés aux sessions de conversation ou bien directement aux intentions. Ils sont créés explicitement par le développeur ou bien dynamiquement selon les plateformes de chatbots utilisées.

L'autre concept utile est celui de thème (*topic*) qui est souvent attaché au contexte de la conversation. Cette information est utilisée pour générer des réponses plus pertinentes lors des dialogues. Elle permet en effet d'associer des connaissances sous la forme de phrases prédéfinies ou de données concernant spécifiquement le sujet de la conversation.

Génération d'une réponse

La génération d'une réponse représente l'étape finale après la phase d'analyse des intentions. En fonction du contexte de la session de conversation et de l'intention à traiter en priorité, le module de génération de réponse doit faire face à plusieurs types de situations :

(1) Donner une réponse pour *poursuivre le dialogue* : poser une question spécifique pour lever une ambiguïté, confirmer ou préciser la valeur d'un paramètre nécessaire à la résolution d'une intention ou compléter le profil de l'utilisateur.

(2) Donner une réponse et *appeler un service tiers* via une API pour satisfaire l'intention de l'utilisateur.

(3) Solliciter l'utilisateur pour *relancer une conversation* ou *amorcer un nouveau sujet*.

(4) Répondre *par défaut* si aucune autre réponse n'a été sélectionnée ou bien en cas d'incompréhension.

Les textes des réponses sont généralement associés aux intentions (*intents*), aux contextes (*contexts*) et aux sujets de discussion (*topics*). Il n'y a généralement pas de solution unique, mais plusieurs formulations possibles regroupées dans des *templates*, c'est-à-dire des squelettes de réponse pouvant être réutilisés en modifiant certains de leurs paramètres. Le choix dans la liste des phrases possibles est généralement aléatoire de manière à favoriser une diversité de réponses. Toutefois, pour éviter d'utiliser deux fois de suite la même phrase, ce qui est toujours possible avec un tirage au sort, les réponses déjà utilisées sont marquées et ne deviennent réutilisables qu'après un délai ou un certain nombre de réponses. Voici un exemple simple de *template* programmé sous la forme d'un tableau contenant plusieurs variantes de réponses lorsque le chatbot ne souhaite pas donner son nom :

```
Template = [
        "Why do you want to know my name?",
        "Why are you asking me my name?",
        "I'm sure you know my name.",
        "You know my name for sure."] ;
```

L'écriture des textes correspondant aux modèles de réponses est une tâche importante auquel il convient d'apporter le plus grand soin. En effet, comme nous l'avons vu (cf. seconde partie), c'est toute la personnalité du chatbot qui doit s'exprimer dans les dialogues.

Les moteurs conversationnels basés sur l'apprentissage (*machine learning*) sont capables de générer des réponses automatiquement. Toutefois, il faut un très grand nombre d'exemples pour former un modèle d'apprentissage approfondi de manière à obtenir une qualité de conversation décente. De plus, dans certains cas, il n'y a pas de maîtrise directe sur la teneur et la qualité des réponses générées, ce qui peut poser un problème pour certaines applications, surtout si le chatbot doit véhiculer les valeurs de l'entreprise ou de la marque.

Les réponses ne sont pas forcément limitées à un texte.

L'utilisation d'émoticônes est également très répandue, surtout sur les messageries instantanées. Elles peuvent être également enrichies selon les cas d'images fixes ou animées, de vidéos, de menus, de boutons et cases à cocher, etc. En général, les plateformes de développement permettent de formuler les réponses dans un format HTML et fournissent des squelettes et exemples pour les cas les plus répandus comme : sélectionner une réponse dans une liste de choix possibles, demander une confirmation, une date, une adresse, une pièce jointe, envoyer un message, annuler le dialogue courant, etc.

13

Un chatbot sans programmer

Click and go

Parmi les environnements de développement de chatbots, *Chatfuel* est l'un des plus simples. En outre, il possède plusieurs autres avantages. Tout d'abord, les chatbots sont hébergés directement par la plateforme, ce qui évite d'avoir à se préoccuper de mettre en place un serveur. Deuxième avantage, *Chatfuel* propose des interfaces directes avec *Messenger* et *Telegram*. Enfin, le service est gratuit jusqu'à 5000 utilisateurs, du moins au moment de l'écriture de ce livre.

Chatfuel est une start-up californienne fondée en 2015 par Dmitry Dumik, diplômé d'un master en *Computer Science* obtenu en Russie en 2008. La plateforme fonctionne sur les principes du *what you see is what you get* et du *click and go*, c'est-à-dire qu'en quelques minutes, vous pouvez obtenir un résultat accessible en ligne pour vérifier que tout fonctionne correctement.

Chatfuel représente donc une plateforme intéressante pour débuter dans le développement de chatbots du fait de sa simplicité qui permet de se concentrer sur l'essentiel, c'est-à-dire mettre en place le personnage et les services qu'il va proposer. C'est aussi un bon environnement pour prototypes et tester ses idées avant de se lancer dans un développement plus conséquent.

Une structuration en blocs et règles

La technologie sous-jacente à *Chatfuel* est basée sur un petit nombre de concepts assez simples à appréhender. Les deux plus importants sont les *blocs* et les *règles*.

Un bloc est un objet dédié à un service ou une interaction spécifique. Il peut comprendre un texte prédéfini, une image ou une photo, des boutons, l'adresse URL d'un site Web, etc. Tout chatbot comprend au départ deux blocs : *Welcome message* et *Default answer*. Le premier définit le comportement du chatbot lors de la première interaction avec un utilisateur. Le second correspond au comportement par défaut lorsqu'aucune autre réponse n'a été trouvée. À partir de là, le développeur peut créer autant de blocs qu'il le désire et les organiser en groupes (*groups*) si nécessaire. Cette fonctionnalité est indispensable, car elle permet de transcrire la structuration du chatbot, l'organisation des dialogues sous la forme d'un arbre de groupes et de blocs.

Une règle (*rule*) est le concept au cœur de l'IA de *Chatfuel*. Il s'agit pour l'essentiel d'une règle très classique de type *modus ponens* utilisée depuis longtemps, en particulier par les systèmes experts. Dans *Chatfuel*, elle est de la forme :

Si < liste de mots clés >

Alors < affiche un texte prédéfini ou un bloc >

Certains pourront argumenter que ce n'est pas de l'IA du fait de la simplicité des principes mis en œuvre. Dans les faits, c'est justement cette simplicité qui fait la force de *Chatfuel* et qui permet de créer en peu de temps un chatbot opérationnel. Il est évident que pour obtenir des comportements plus sophistiqués, il faut utiliser une autre plateforme et recourir à de la programmation. Nous reviendrons là dessus plus loin, mais pour l'instant, voyons les principales étapes pratiques de création d'un chatbot avec *Chatfuel*.

Travaux préparatoires

Pour commencer avec *Chatfuel*, il suffit de se connecter avec un navigateur sur le site Web :

http://Chatfuel.com

Ensuite, cliquez simplement sur le bouton *Get start for free* dans la section *Build a Facebook bot without coding* et laissez-vous guider. Le site va vous demander de vous connecter à Facebook, puis de sélectionner l'une de vos pages ou bien d'en créer une spécifique. Nous ne détaillerons pas ici cette phase qui fait partie de l'environnement de Facebook.

Fig. 28. Le *dashboard* de *Chatfuel* avec un menu principal à gauche, les deux colonnes d'édition et le bandeau supérieur permettant un test immédiat. Notez au passage que l'interface est mise à jour régulièrement. Il peut donc être sensiblement différent des illustrations de cet ouvrage.

Une fois cette étape effectuée, rendez-vous sur le tableau de bord (*dashboard*). Créez votre chatbot en cliquant sur le bouton *Blank Chatbot* et donnez-lui un nom. Dans notre exemple, nous l'appelons simplement *Bot*, mais tout autre nom est possible. Notez au passage que vous pouvez créer un chatbot en suivant pas à pas le tutoriel que propose le site. À ce stade, vous avez créé un chatbot entièrement vide à l'exception de deux blocs prédéfinis d'accueil et de réponse par défaut. Le tableau de bord est composé de quatre zones. La barre sombre de gauche permet de naviguer dans les différentes fonctionnalités qu'offre la plateforme. La barre supérieure indique le nom de votre projet et un bouton à droite permettant à tout moment de tester le chatbot. La section blanche intitulée *Bot Structure* détaille les blocs qui composent le projet et permet d'en créer d'autres. La section grise sur la droite correspond à la principale zone d'édition.

Pour commencer, cliquez sur le bouton *Welcome message*. Dans la zone d'édition apparaît alors le contenu du bloc d'accueil. Celui-ci est composé d'une unique carte (*card*) avec un texte prédéfini et un bouton par défaut *Main menu*. Par la suite, vous pourrez ajouter d'autres cartes et les chaîner de façon à créer des comportements plus sophistiqués. Chaque carte peut afficher du texte, une image, une galerie, utiliser un formulaire et faire appel à des liens URL, ou bien utiliser les *plug-ins* compatibles avec Instagram, YouTube, Dropbox, WordPress, etc. Mais pour l'instant, vous pouvez vous contenter de modifier simplement le texte d'accueil. Ce message apparaîtra dès qu'une personne se connectera à votre chatbot. Dans notre exemple, nous allons le laisser tel quel et voir comment créer un nouveau bloc.

Ajoutez des blocs

Pour créer un nouveau bloc, il suffit de cliquer sur le bouton *Add Block* dans la section *Bot Structure* et de lui donner un nom, par exemple *Block #1*. Ce n'est pas très original, mais vous pouvez choisir celui qui vous convient. Dans un « vrai » projet de chatbot, il vaudrait mieux nommer les blocs de façon à ce qu'il soit facile de retrouver à quels comportements ou quelles phases de la conversation ils correspondent. Ensuite, modifiez le texte de la carte qui sera affiché lorsque le bloc sera sollicité : *My text message*. Ce n'est toujours pas original, c'est juste un exemple générique.

Fig. 29. Création d'un nouveau bloc.

Revenez au bloc d'accueil. Dans un message d'accueil, il vaut mieux dès le départ proposer des choix possibles pour contrôler l'interaction avec l'utilisateur et lui proposer ce que vous souhaitez. Pour cela, dans le cadre, ajoutez un nouveau bouton et donnez-lui un nom *My button* par exemple. Puis, associez ce bouton au bloc *Bloc #1* que nous venons de créer. Lorsque l'utilisateur appuiera sur le bouton, alors automatiquement le bloc sera sélectionné.

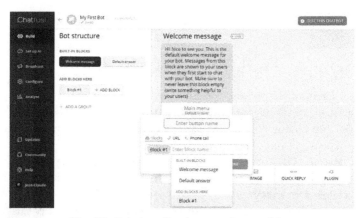

Fig. 30. Création d'un bouton dans un bloc.

Une fois que vous avez édité tous les blocs et les cartes qui composent votre chatbot, vous pouvez passer à l'édition des règles.

Éditez les règles

Pour éditer les règles, cliquez sur *Set up AI* dans la barre de navigation à gauche. Un nouvel écran remplace alors le précédent qui propose une unique section pour créer les règles qui vont composer la partie « intelligente » du chatbot. Nous allons créer une seule règle dans notre cas, mais vous pouvez en ajouter autant que vous le souhaitez.

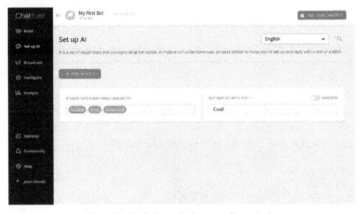

Fig. 31. Création de la première règle.

Chaque règle se compose d'une partie condition, à gauche, et d'une partie action, à droite. La partie condition est un champ de saisie dans lequel vous pouvez définir plusieurs mots clés, par exemple : *happy*, *nice* et *charmed*. Lorsque l'utilisateur entrera sur Messenger une phrase contenant l'un de ces mots clés, alors la partie conclusion de la règle sera exécutée.

La partie conclusion est également un champ de saisi dans lequel on peut définir un texte de réponse, ou bien l'un des blocs du chatbot. Dans notre exemple, nous choisissons d'entrer simplement une simple réponse textuelle : *Cool!*

Notez que si vous définissez plusieurs réponses possibles, vous pouvez laisser choisir aléatoirement la réponse en activant le bouton *Random*. Ceci permet de varier les réponses du chatbot, si la règle est sollicitée plusieurs fois dans une même conversation.

Testez le chatbot !

À ce stade, nous pouvons enfin tester notre premier chatbot !

En haut et à droite, cliquez sur le bouton *Test this chatbot*. La page Facebook doit alors s'afficher. En bas et à droite, vous devez voir apparaître la fenêtre Messenger connectée au chatbot que vous venez de créer avec son message d'accueil. Si vous cliquez sur le bouton *My button* que vous avez ajouté, alors le message *My button* s'affiche et le chatbot répond « My text message » comme prévu.

De la même manière, si vous entrez la phrase *I am happy*, alors le chatbot déclenche la règle que vous avez créée et affiche *Cool!*

Fig. 32. Le test du chatbot est immédiat.

Certes, ce chatbot est très primitif, mais il ne tient qu'à vous de créer des blocs et des blocs et des règles supplémentaires.

La plateforme revendique plus de 360 000 projets de chatbots qui interagissent avec près de 17 millions d'utilisateurs, au moment où nous écrivons ces lignes. Comme nous l'avons déjà souligné, la grande force de *Chatfuel* est sa simplicité tant au niveau de la conception que de la mise en œuvre opérationnelle d'un chatbot.

Pour créer des chatbots plus sophistiqués, avec une IA moins rudimentaire, il faut utiliser une plateforme plus puissante et avoir des compétences en programmation. Pour ce faire, nous allons dans un premier temps créer un chatbot relativement simple en *JavaScript* en nous inspirant du tout premier chatbot de l'histoire : *Eliza*. Ceci nous permettra de mieux comprendre la face cachée des chatbots, avant d'envisager des projets plus conséquents.

14

Eliza en JavaScript

Dumbot

Dans le chapitre précédent, nous avons vu comment créer un chatbot sans avoir à programmer. À présent, nous allons voir l'inverse, c'est-à-dire programmer un chatbot à partir de zéro, sans utiliser une plateforme. Pour commencer, nous allons créer un chatbot extrêmement simple, du même niveau que celui que nous avons conçu avec *Chatfuel*.

Pour ce faire, nous allons utiliser le langage *JavaScript*. Ce choix est justifié par la diffusion de ce langage et le fait qu'il ne nécessite rien d'autre pour commencer à développer qu'un bon éditeur de textes et un navigateur Web. En outre, il est parfaitement adapté pour les applications du côté « client » dans un navigateur, comme du côté « serveur », avec l'environnement *Node.js*. Enfin, pour les débutants en programmation, il s'agit d'un langage structuré, héritier du langage C, avec lequel il partage sa syntaxe et de nombreux concepts. Nous n'utiliserons pas ici, les fonctionnalités avancées du langage, comme les prototypes par exemple, afin de rester le plus simple possible.

Toutefois, avant de se lancer dans la partie *JavaScript*, il convient de créer une page HTML qui servira d'interface avec le chatbot, soit en local sur votre ordinateur, soit mise en ligne si vous avez un hébergement possible.

Pour commencer, créez un document HTML vierge avec le nom suivant : *Dumbot.html*. Éditez ce fichier pour créer une structure classique de page Web :

```
<! DOCTYPE html>
<html lang="fr" dir="ltr">
  <head>
    <title>DUMBOT</title>
  </head>
  <body></body>
</html>
```

Dans la partie *body* de la page, insérez un formulaire HTML comprenant essentiellement deux zones de textes grâce à l'utilisation de la balise *textarea* :

```
<form name="theform">
  <center>
    <textarea readonly id="log" cols="100" rows="8"></textarea>
  </center>
  <center>
    <textarea id="user" cols="100" rows="1"
      onkeypress="dumbot(event);"></textarea>
  </center>
</form>
```

Les balises *center* sont optionnelles et ne servent qu'à centrer les zones de texte dans la page. Évidemment, vous pouvez aller plus loin en termes de mise en page en utilisant les feuilles de style CSS, mais dans notre exemple, nous nous contenterons d'une version simple uniquement en HTML.

La première zone de texte, celle identifiée par le nom *log* servira à afficher la conversation avec le chatbot. De ce fait, le paramètre *readonly* stipule simplement que cette zone ne sera pas éditable par l'utilisateur.

La seconde zone de texte, identifiée par le nom *user*, correspond au champ de saisie de l'utilisateur pour qu'il puisse interagir avec le chatbot. Le paramètre *onkeypress* stipule que lorsque l'utilisateur tape un caractère dans ce champ, alors la page exécute la fonction *dumbot()* en lui passant en argument l'événement correspondant.

Juste après la définition du formulaire, avant la balise *body* qui marque la fin du contenu de la page, insérez la ligne suivante :

```
<script src="Dumbot.js"></script>
```

Celle-ci permet d'intégrer le script du chatbot dans la page. C'est tout ce qui est nécessaire pour le fichier HTML.

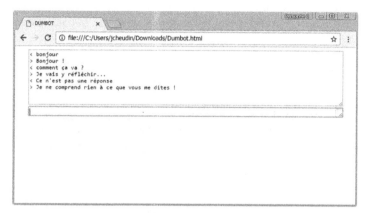

Fig. 33. Le chatbot *Dumbot* en action.

La partie *JavaScript* du chatbot n'est constituée que d'un seul fichier : *Dumbot.js*. Dans ce fichier, nous allons programmer deux fonctions. La première s'appelle *dumbot()* et prend en charge la partie interface du chatbot. La seconde s'appelle *think()* et intègre la partie « intelligente » du chatbot. Commençons par la fonction d'interface :

```
function dumbot (evt) {
   var log = document.getElementById('log');
   var user = document.getElementById('user');
   if (evt.which == 13 || evt.keyCode == 13) {
      var str = user.value;
      user.value = "";
      str = str.replace(/\n/g, '');
      if (str != "") {
         log.value += "< " + str + "\n";
         log.value += "> " + think(str) + "\n";
      }
   }
   return true;
}
```

La fonction ne possède qu'un seul argument qui correspond à l'événement *evt* passée par la page HTML lorsque l'utilisateur interagit dans la zone de saisie. Elle débute par la création de deux variables, *log* et *user*, qui permettent d'accéder aux deux zones textes de la page en les identifiants par leur nom :

```
var log = document.getElementById('log');
var user = document.getElementById('user');
```

Ensuite, un test conditionnel est réalisé sur l'événement *evt* pour déterminer si l'utilisateur a tapé la touche « entrée », de manière à activer ensuite le traitement de la phrase saisie par l'utilisateur :

```
if (evt.which == 13 || evt.keyCode == 13) {
    ...
    }
```

Dans ce cas, on stocke la valeur du champ *user* dans une nouvelle variable appelée *str*, puis on remet immédiatement à zéro la zone de saisie pour signifier à l'utilisateur que la phrase a été prise en compte :

```
var str = user.value;
```

Puis, on enlève le retour à la ligne de façon à pouvoir afficher correctement la phrase de l'utilisateur :

```
str = str.replace(/\n/g, '');
```

On teste alors si l'utilisateur n'a pas juste tapé la touche « entrée » sans autre saisie, auquel cas on ne fait rien. Dans le cas contraire, on affiche dans la zone de dialogue la phrase de l'utilisateur, précédée par la chaîne « < ». Puis, de la même manière, avec un caractère différent « > », on affiche la réponse du chatbot. Celle-ci est retournée par la fonction *think()* à laquelle on transmet la chaîne de caractères *str* contenant la saisie de l'utilisateur.

```
if (str != "") {
    log.value += "< " + str + "\n";
    log.value += "> " + think(str) + "\n";
}
```

Enfin, pour terminer, la fonction *dumbot()* retourne la valeur *true*.

Passons à présent à la fonction *think()* proprement dite. Son comportement est simple. Il s'agit d'une règle qui cherche un mot clé dans la phrase de l'utilisateur et qui retourne une phrase de réponse en fonction de ce qu'il a trouvé. Cette fonction utilise pour cela la méthode *indexOf()* qui s'applique sur une chaîne de caractères et prend comme argument la chaîne de caractères recherchée. Elle renvoie l'indice de la première occurrence de la valeur cherchée au sein de la chaîne courante, 0 indiquant le premier caractère. Elle renvoie -1 si la valeur cherchée n'est pas trouvée.

```
function think (str) {
    if (str.indexOf("bonjour") != -1) {
        return "Bonjour !";
    }
    else if (str.indexOf("?") != -1) {
        return "Je vais y réfléchir...";
    }
    else {
        return "Je ne comprends rien à ce que vous me dites !";
    }
}
```

Dans cet exemple de règle triviale, la fonction *think()* cherche le mot clé « bonjour » et retourne la phrase « Bonjour ! » si elle la trouve. Dans le cas contraire, elle cherche la présence du caractère « ? » et retourne alors la chaîne « Je vais y réfléchir... ». Sinon, dans tous les autres cas, la fonction retourne la réponse par défaut « Je ne comprends rien à ce que vous me dites ! ».

Nous sommes bien d'accord que le comportement de ce chatbot est trop simple pour avoir une utilité en pratique.

Toutefois, il vous est possible d'ajouter à la fonction *think()* autant de règles que vous le souhaitez, afin de traiter un nombre de cas plus conséquent. La structure de la fonction *think()* ressemblerait alors à la suivante :

```
function think (str) {
    // règle #1
    if (str.indexOf("bonjour") != -1) {
        return "Bonjour !";
        }
        ...
    // règle #n
    if (str.indexOf("au revoir") != -1) {
        return "À bientôt";
        }
    // réponse par défaut
    return "Je ne comprends rien à ce que vous me dites !";
    }
```

Eliza vs Dumbot

Nous allons continuer la mise en pratique progressive en développant un chatbot aux capacités plus avancées que celles que nous avons mises en œuvre, qui sont trop élémentaires pour être réellement efficaces. Dans ce contexte, pour commencer, rien ne vaut un bon classique. Nous allons donc ici réaliser une version en *JavaScript* du premier chatbot de l'histoire : *Eliza*. Notre version ne sera pas strictement la même que celle développée par Joseph Weizenbaum en 1966, mais elle en reprendra les grands principes.

Pour ceux qui ne voudraient pas partir de zéro et accéder aux fichiers sources déjà opérationnels, la version décrite dans les lignes qui vont suivre est accessible à l'adresse suivante en cliquant sur l'icône *Eliza* :

http://www.jcheudin.fr/playground.html

Dans un premier temps, comme pour *Dumbot*, nous allons créer une page HTML simplifiée qui servira d'interface. Vous pouvez reprendre la version déjà développée pour *Dumbot* et changer le contenu de la balise *body* avec le code suivant :

```
<body onload="start();">
  <form name="Eliza" onsubmit="return dialog();">
    <center>
      <textarea rows="14" cols="100" name="log">
      </textarea>
    </center>
    <center>
      <input size="50" name="input" value="" type="text">
    </center>
  </form>
</body>
```

Le code source du chatbot se trouve dans un fichier appelé *Eliza.js*. N'oubliez donc pas de l'insérer dans la page HTML, de préférence dans la partie *head* de la page, avec cette ligne :

```
<script src="Eliza.js"></script>
```

Il y a peu de changement par rapport à la version du chatbot *Dumbot*, si ce n'est l'appel de la fonction *start()* au chargement de la page et de la fonction *dialog()* lors de l'envoi du formulaire.

Le principe d'Eliza

Le principe général d'*Eliza* reste assez simple. Il s'agit pour l'essentiel d'élaborer une réponse en fonction de la recherche dans une liste de mots clés prédéfinis comme pour *Dumbot*. Lorsqu'un mot clé est trouvé, alors une réponse adaptée est retournée. Dans le cas où aucun mot clé de la liste n'est trouvé dans la phrase de l'utilisateur, alors une réponse par défaut est choisie qui tente de relancer la conversation.

L'astuce d'*Eliza* est de positionner le personnage comme

173

un psychologue appliquant la méthode non directive de Carl Rogers (1902-1987), c'est-à-dire un dialogue toujours positif avec le patient et qui cherche à le faire parler plutôt que de répondre précisément à ses interrogations. De ce fait, les limitations du programme sont masquées par l'attitude empathique, centrée sur le patient. En pratique, le principe d'*Eliza* repose sur les étapes suivantes :

(1) La recherche d'un mot clé dans la phrase à partir d'une liste prédéfinie de mots clés.

(2) L'identification d'un contexte minimal d'utilisation du mot clé. Par exemple si le mot clé est « vous » et qu'il est suivi par « êtes », alors il s'agit d'une assertion à destination du docteur.

(3) Le choix d'une règle de transformation de la phrase de l'utilisateur et son exécution.

(4) Le choix d'une réponse appropriée par défaut, si aucun mot clé n'est trouvé.

Il convient de permettre une édition des données de dialogue de manière à permettre des améliorations rapides de la qualité des conversations. On notera que la conversation est l'unique objet d'*Eliza*, à l'inverse des chatbots plus récents où le dialogue n'est qu'un intermédiaire pour accéder à des services. Dans la version que nous proposons, les connaissances du chatbot ne sont pas stockées dans un fichier texte, mais directement au niveau du code dans des tableaux (*array*).

Le code central d'Eliza

Le tableau principal est appelé *keyword* et comprend les mots clés reconnus par *Eliza*. Chaque mot clé se présente sous la forme d'un objet comprenant la chaîne de caractères proprement dite en lettres capitales, puis deux entiers correspondant aux indices de la première et de la dernière réponse possibles dans le tableau des réponses possibles.

```
var maxKey = 37;  // nombre de mots clés
var keyNotFound = maxKey - 1;  // borne des mots clés
var keyword = [];  // déclaration du tableau des mots clés

// fonction de création d'un mot clé
function key (key, idx, end) {
   this.key = key;
   this.idx = idx;
   this.end = end;
   this.last = end;
   }
```

Le tableau des mots clés est ensuite déclaré explicitement de la manière suivante :

```
keyword[0] = new key("PEUX-TU", 1,  3);
keyword[1] = new key("JE PEUX", 4,  5);
keyword[2] = new key("TU ES", 6,  9);
keyword[ 3] = new key("ELIZA", 102, 104);
keyword[ 4] = new key("JE NE FAIS PAS", 10, 13);
...
keyword[36] = new key("NO KEY FOUND", 106, 112);
keyword[37] = new key("REPEAT INPUT", 113, 116);
```

Pour rechercher un mot clé, *Eliza* utilise deux fonctions élémentaires. La première, appelée *testkey()*, parcourt le tableau pour trouver le mot clé et retourne l'indice en cas de succès. La seconde fonction sert essentiellement à gérer le cas où aucun mot clé n'est trouvé. Dans ce cas, elle initialise alors l'indice à une valeur spécifique (36) pour pointer vers des réponses adaptées.

```
var keyid = 0;  // indice du mot clé trouvé

function testkey (wString) {
   if (keyid < keyNotFound &&
   !(wString.indexOf(" " + keyword[keyid].key + " ") >= 0)) {
   keyid++;
   testkey(wString) ;
   }
}
```

```
function findkey (wString) {
   var found = false;
   keyid = 0;
   testkey(wString);
   if (keyid >= keyNotFound) { keyid = keyNotFound; }
   return keyid;
   }
```

Le second tableau important contient les réponses associées aux mots clés. Nommé *response*, il comprend simplement les chaînes de caractères proprement dites. Nous noterons au passage que certaines phrases comportent deux caractères spéciaux « <* » ou « <@ » afin d'adapter les réponses en leur ajoutant des informations complémentaires. Le choix de ces séquences de caractères permet de ne pas les confondre avec les mots du langage courant.

```
var maxrespnses = 119;  // nombre de réponses
var response = [];  // création du tableau des réponses

response[0] = "ELIZA - Version JavaScript";
response[1] = "Vous ne croyez pas que je suis capable de<*";
response[2] = "Peut-être aimeriez-vous être capable de<*";
response[3] = "Vous voulez que je sois capable de<*";
response[4] = "Peut-être ne voulez-vous pas<*";
....
response[ 39] = "Moi aussi parfois je veux<@";
....
response[115] = "Continuez, précisez votre pensée.";
response[116] = "S'il vous plaît ne vous répétez pas !";
response[117] = "Salut est un peu familier, je préfère bonjour !";
response[118] = "Si vous voulez me remercier, dites-moi quelque
chose de sincère.";
```

La réponse proprement dite est élaborée par la fonction *phrase()* qui sélectionne aléatoirement une phrase possible à partir de l'indice du mot clé trouvé *keyidx* dans le texte tapé par l'utilisateur *sString*. Dans le cas où la reponse tirée au hasard a déjà été utilisée, la fonction s'appelle elle-même pour éviter la répétition. La variable *pass* sert à ne pas boucler dans cet appel récursif.

```javascript
var pass = 0;
var thisstr = "";

function phrase (sString, keyidx) {
  // choix de la réponse
  var idxmin = keyword[keyidx].idx;
  var idrange = keyword[keyidx].end - idxmin + 1;
  var choice = keyword[keyidx].idx +
    Math.floor(Math.random() * idrange);
  if (choice == keyword[keyidx].last && pass < 5) {
    pass++;
    phrase(sString, keyidx );
    }
  keyword[keyidx].last = choice;
  var rTemp = response[choice];

  // recherche si la phrase doit être modifiée
  var tempt = rTemp.charAt(rTemp.length - 1);
  if ((tempt == "*") || (tempt == "@")) {
    var sTemp = padString(sString);  // insére des espaces
    var wTemp = sTemp.toUpperCase();  // passe en majuscules
    var strpstr = wTemp.indexOf(" " + keyword[keyidx].key + " ");
    // cherche le mot clé
    strpstr += keyword[keyidx].key.length + 1;
    //adapte la conjugaison
    var thisstr =
      conjugate(sTemp.substring(strpstr, sTemp.length));
    thisstr = strTrim(unpadString(thisstr)); // enlève les espaces
    // teste si question ou non
    if (tempt == "*") {
      sTemp = replaceStr(rTemp, "<*", " " + thisstr + "?", 0);
      }
    else {
      sTemp = replaceStr(rTemp, "<@", " " + thisstr + ".", 0);
      }
    }
  // sinon retourne simplement la phrase choisie
  else sTemp = rTemp;
  return sTemp;
  }
```

Une fois la réponse déterminée, on teste si la phrase doit être modifiée en cherchant si elle se termine par l'un des caractères spéciaux « * » ou « @ », correspondant respectivement aux cas où la phrase doit être ou non une question.

Les fonctions de traitement du langage

Le code d'*Eliza* comprend plusieurs fonctions utilitaires qui implémentent des traitements de langage élémentaires. La fonction *padString()* ajoute des espaces dans la chaîne de caractères pour séparer les signes de ponctuation. De ce fait, elle joue le rôle d'un *tokenizer* simplifié. La fonction *unpadString()* effectue le travail inverse en supprimant les espaces ainsi ajoutés.

```
var punct = [".", ",", "!", "?", " :", " ;", "&", "'", "@", "#", "(", ")"];

function padString (strng) {
   var aString = " " + strng + " ";
   for (i = 0 ; i < punct.length; i++) {
      aString = replaceStr(aString, punct[i], " " + punct[i] + " ", 0);
      }
   return aString;
   }

function unpadString (strng) {
   var aString = strng;
   aString = replaceStr(aString, "  ", " ", 0); // compress spaces
   if (strng.charAt( 0 ) == " ") {
      aString = aString.substring(1, aString.length);
      }
   if (strng.charAt(aString.length - 1) == " ") {
      aString = aString.substring(0, aString.length - 1);
      }
   for (i = 0 ; i < punct.length; i++) {
      aString = replaceStr(aString, " " + punct[i], punct[i], 0);
      }
   return aString;
   }
```

Une fonction de traitement importante d'*Eliza* concerne la reformulation de certaines phrases de manière à ajuster les pronoms et les verbes. Ainsi, par exemple, si l'utilisateur dit

« Je suis... », il faut dans la réponse reformuler la phrase pour obtenir « Vous êtes... ». Cette modification de la phrase de l'utilisateur est réalisée par la fonction *conjugate()* :

```
function conjugate (sStrg) {
    var sString = sStrg;
    for (i = 0 ; i < maxConj ; i++) {    // décompose
        sString = replaceStr(sString, conj1[i], "#@&" + i, 2);
    }
    for ( i = 0 ; i < maxConj; i++) {    // recompose
        sString = replaceStr(sString, "#@&" + i, conj2[i], 2);
    }
    for (i = 0 ; i < max2ndConj; i++ ) {    // décompose
        sString = replaceStr(sString, conj3[i], "#@&" + i, 2);
    }
    for ( i = 0 ; i < max2ndConj; i++) {    // recompose
        sString = replaceStr(sString, "#@&" + i, conj4[i], 2);
    }
    return sString ;
}
```

Elle utilise pour cela deux paires de tableaux, *conj1* associé à *conj2*, et *conj3* associé à *conj4*. Les deux premiers tableaux donnent les correspondances des pronoms et des expressions les plus communes. Les deux tableaux suivants corrigent ensuite certains cas utilisant « je » ou « moi ».

```
var maxConj = 24;
var max2ndConj = 7;
var conj1 = [];
var conj2 = [];
var conj3 = [];
var conj4 = [];

conj1[0]  = "sont";         conj2[0] = "suis";
conj1[1]  = "suis";         conj2[1] = "es";
conj1[2]  = "étions";       conj2[2] = "étais";
conj1[3]  = "étais";        conj2[3] = "étiez";
conj1[4]  = "je";           conj2[4] = "tu";
conj1[5]  = "moi";          conj2[5] = "vous";
conj1[6]  = "toi";          conj2[6] = "moi";
conj1[7]  = "mon";          conj2[7] = "ton";
conj1[8]  = "ton";          conj2[8] = "mon";
```

```
conj1[9] = "miens";          conj2[9] = "votre";
conj1[10] = "tiens";         conj2[10] = "mon";
conj1[11] = "Je suis";       conj2[11] = "tu es";
conj1[12] = "tu es";         conj2[12] = "Je suis";
conj1[13] = "J'ai";          conj2[13] = "tu as";
conj1[14] = "tu as";         conj2[14] = "j'ai";
conj1[15] = "Je vais";       conj2[15] = "tu vas";
conj1[16] = "tu vas";        conj2[16] = "Je vais";
conj1[17] = "moi-même";      conj2[17] = "toi-même";
conj1[18] = "toi-même";      conj2[18] = "moi-même";
conj1[19] = "mes";           conj2[19] = "tes";
conj1[20] = "tes";           conj2[20] = "mes";
conj1[21] = "te";            conj2[21] = "me";
conj1[22] = "me";            conj2[22] = "te";
conj1[23] = "m'";            conj2[23] = "t'";


conj3[0] = "moi suis";       conj4[0] = "Je suis";
conj3[1] = "suis moi";       conj4[1] = "Suis je";
conj3[2] = "moi peux";       conj4[2] = "Je peux";
conj3[3] = "peux moi";       conj4[3] = "Puis je";
conj3[4] = "moi ai";         conj4[4] = "J'ai";
conj3[5] = "moi vais";       conj4[5] = "Je vais";
conj3[6] = "vais moi";       conj4[6] = "vais je";
```

Le programme inclut également des fonctions utilitaires pour effectuer certains traitements simples sur les chaînes de caractères. La fonction *replaceStr()* est une fonction de remplacement de toutes les occurrences d'une chaîne *substr1* par une chaîne *substr2* dans une chaîne. Elle possède également un quatrième paramètre qui permet de spécifier le type de remplacement qui va être réalisé :

Type 0 : remplacement standard.

Type 1 : remplace uniquement les mots dans des chaînes prétraitées avec *padString()*.

Type 2 : identique à type 1, mais non sensible aux minuscules et majuscules.

Type 3 : identique à type 0, mais non sensible aux minuscules et majuscules.

```
var RPstrg = "";

function replaceStr ( strng, substr1, substr2, type) {
    var pntr = -1;
    var aString = strng;
    if (type == 0) {
        if (strng.indexOf(substr1) >= 0) {
            pntr = strng.indexOf(substr1);
        }
    }
    else if (type == 1) {
        if (strng.indexOf(" " + substr1 + " ") >= 0) {
            pntr = strng.indexOf(" " + substr1 + " ") + 1;
        }
    }
    else if (type == 2) {
        bstrng = strng.toUpperCase();
        bsubstr1 = substr1.toUpperCase();
        if (bstrng.indexOf(" " + bsubstr1 + " ") >= 0) {
            pntr = bstrng.indexOf(" " + bsubstr1 + " " ) + 1;
        }
    }
    else {
        bstrng = strng.toUpperCase();
        bsubstr1 = substr1.toUpperCase();
        if (bstrng.indexOf(bsubstr1) >= 0) {
            pntr = bstrng.indexOf(bsubstr1);
        }
    }
    if (pntr >= 0) {
        RPstrg += strng.substring(0, pntr) + substr2;
        aString = strng.substring(pntr + substr1.length,
          strng.length) ;
        if (aString.length > 0) {
        replaceStr(aString, substr1, substr2, type);
        }
    }
    aString = RPstrg + aString;
    RPstrg = "";
    return aString;
}
```

Enfin, la fonction *strTrim()* formate la chaîne de caractères passée en argument en enlevant les espaces surnuméraires, en tête et en queue de chaîne, ainsi qu'au niveau de la ponctuation. C'est une fonction classique du traitement du langage naturel.

```
var ht = 0;
function strTrim (strng) {
    var sString;
    if (ht == 0) { loc = 0; } // head clip
    else { loc = strng.length - 1; } // tail clip ht = 1
    if (strng.charAt(loc) == " ") {
        aString = strng.substring( -(ht - 1), strng.length - ht);
        aString = strTrim(aString);
        }
    else {
        var flg = false;
        for (i = 0; i <= 5; i++) {
            flg = flg || ( strng.charAt(loc) == punct[i]);
            }
        if (flg) {
            aString = strng.substring( -(ht - 1), strng.length - ht);
            }
        else {
            aString = strng;
            }
        if (aString != strng) { strTrim(aString); }
        }
    if (ht ==0) { ht = 1; strTrim(aString); }
    else { ht = 0; }
    return aString ;
    }
```

Fonction principale et interfaces

Nous venons de voir l'essentiel des fonctions qui composent *Eliza*. Il ne reste plus qu'à définir la fonction principale *listen()* qui organise le déroulement du traitement et quelques fonctions d'interfaçage avec la page HTML.

La fonction *listen()* est une imbrication de tests conditionnels qui évalue le texte saisi par l'utilisateur pour sélectionner un type de réponse approprié. Elle commence par initialiser le compteur qui déclenche une éventuelle relance si l'utilisateur ne saisit rien. Si la chaîne de caractères est vide, alors la fonction retourne « Je ne peux pas vous aider si vous refusez la discussion ! ». Si la chaîne n'est pas vide, alors elle la prépare et recherche la présence d'un mot clé. Si elle n'en trouve pas et que l'utilisateur n'a pas dit « bonjour », alors elle retourne « Vous ne dites jamais bonjour ? ». Dans le cas où la chaîne comprend moins de dix caractères, qu'aucun sujet n'est sélectionné et que ce n'est pas une simple répétition de phrase précédente, alors elle reformule sa phrase avec *conjugate()* en lui demandant d'en dire plus. Si la chaîne a moins de 15 caractères, alors elle retourne « Dites moi en plus ». Dans tous les autres cas où un mot clé est trouvé, la fonction *listen()* élabore une réponse en appelant la fonction *phrase()*.

```
var loaded = false;          // cette variable doit être au début du code
var wTopic = "";             // dernière réponse
var sTopic = "";
var greet = false;           // bonjour ?
var wPrevious = "";          // pour vérifier les répétitions
var started = false;

function listen (User) {
    var sInput = User;
    // initialisation compteur si pas de réponse après 3 minutes
    if (started) { clearTimeout(Rtimer); }
    var Rtimer = setTimeout("wakeup()", 180 000) ;
    started = true;
    // prépare la chaîne
    sInput = strTrim(sInput);
    if (sInput != "") {
        wInput = padString(sInput.toUpperCase());
        var foundkey = maxKey;
        if (wInput != wPrevious) {          // si non répétition
            foundkey = findkey(wInput);     // cherche un mot clé
        }
        if (foundkey == keyNotFound ) {
            if (!greet) {
                greet = true;
```

```javascript
          return "Vous ne dites jamais bonjour ?";
          }
        else {
          wPrevious = wInput;              // pour tester la répétition
          if ((sInput.length < 10) && (wTopic != "") &&
           (wTopic != wPrevious)) {
            var lTopic = conjugate(sTopic);
            sTopic = "";
            wTopic = "";
            return 'OK... "' + lTopic + '". Dites-moi en plus.';
            }
          else {
           if (sInput.length < 15) {
             return "Dites-moi en plus...";
             }
           else {
             return phrase(sInput, foundkey);
             }
           }
         }
       }
    else {
        if (sInput.length > 12) {
          sTopic = sInput;
          wTopic = wInput;
          }
        greet = true;
        wPrevious = wInput;
        return phrase(sInput, foundkey);              // réponse
        }
     }
    else {
      return "Je ne peux pas vous aider si vous refusez
       la discussion !";
      }
    }

  function wakeup () {
    var strng1 = "Allons-nous enfin parler ?" ;
    var strng2 = "Je ne peux pas vous aider si vous refusez
     le dialogue !" ;
    update(strng1, strng2) ;
    }
```

Les fonctions d'interface avec la page HTML sont un peu plus nombreuses que pour *Dumbot*, mais le principe reste similaire. Trois améliorations sont cependant apportées qui complexifient sensiblement le code. La première concerne la mémorisation du dialogue dans le tableau *chatter*. La seconde permet de simuler un temps de réflexion, sinon la réponse d'*Eliza* serait instantanée, ce qui n'est pas très crédible. La troisième relance l'utilisateur après un certain délai, si celui-ci n'entre aucune phrase.

```javascript
loaded = true;              // le code est chargé
// tableau pour le dialogue
var chatmax = 5;            // nombre de lignes / 2
var chatpoint = 0;
var chatter = [];

// fonction d'attente
function hello () {
   chatter[chatpoint] = "> Bonjour, je suis Eliza,
     votre psychothérapeute.";
   chatpoint = 1;
   return write();
   }

function start () {
   for (i = 0 ; i < chatmax; i++) {
     chatter[i] = "";
     }
   chatter[chatpoint] = "  Chargement..." ;
   document.Eliza.input.focus();
   write();
   if (loaded) { hello(); }
   else { setTimeout("start()", 1000); }
   }

// simule un temps de réflexion
var elizaresponse = "";

function think () {
   document.Eliza.input.value = "";
   if (elizaresponse != "") { respond(); }
   else { setTimeout("think()", 250); }
   }
```

```
function dialog () {
  var Input = document.Eliza.input.value ;    // capture input
  document.Eliza.input.value = "";
  chatter[chatpoint] = " \n< " + Input;
  elizaresponse = listen(Input);
  setTimeout("think()", 1000 + Math.random() * 2000);
  chatpoint ++;
  if (chatpoint >= chatmax) { chatpoint = 0; }
  return write();
  }

function respond () {
  chatpoint -- ;
  if (chatpoint < 0) { chatpoint = chatmax-1; }
  chatter[chatpoint] += "\n> " + elizaresponse;
  chatpoint ++ ;
  if (chatpoint >= chatmax) { chatpoint = 0; }
  return write();
  }

function update (str1, str2) {
  chatter[chatpoint] = " \n< " + str1 ;
  chatter[chatpoint] += "\n< " + str2 ;
  chatpoint ++ ;
  if (chatpoint >= chatmax) { chatpoint = 0; }
  return write();
  }

function write () {
  document.Eliza.log.value = "";
  for (i = 0 ; i < chatmax; i++) {
    n = chatpoint + i;
    if (n < chatmax) { document.Eliza.log.value += chatter[n] ; }
    else { document.Eliza.log.value += chatter[n - chatmax] ; }
    }
  refresh();
  return false;
  }

function refresh () { setTimeout("write()", 10000); }
```

Tests d'Eliza

Une fois le programme terminé, il n'y a plus qu'à le tester dans un navigateur en chargeant la page *Eliza.html*. Le résultat doit être similaire à celui de la figure suivante.

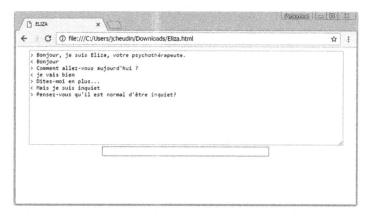

Fig. 34. *Eliza* en exécution dans une fenêtre d'un navigateur.

Il ne suffit plus alors qu'à dialoguer avec *Eliza*. À titre d'illustration, voici un exemple typique de dialogue que l'on obtient :

> \> Bonjour, je suis Eliza, votre psychothérapeute.
> \< Bonjour
> \> Comment allez-vous aujourd'hui ?
> \< Je vais bien, merci
> \> Si vous voulez me remercier, dites-moi quelque chose de sincère.
> \< C'est la première fois que je parle à un programme
> \> Je ne suis pas sûr de bien comprendre.
> \< Pourtant c'est clair
> \> Je vois.
> \< Qui vous a programmé ?
> \> Qu'en pensez-vous ?
> \< Je ne sais pas
> \> Dites-moi en plus...
> \< Non
> \> En êtes-vous certains ?
> \< Non

> Pourquoi vous répétez-vous ?
< Je vous teste en fait
> Allez ! allez ! Précisez votre pensée.
< C'est une sorte de test de Turing
> Qu'est-ce que cela vous suggère ?
< Je veux vous comprendre
> Pourquoi voulez-vous vous comprendre ?
< Non c'est vous que je veux comprendre
> En êtes-vous certain ?

Le comportement d'*Eliza* est intéressant vu la simplicité, du programme, mais on s'aperçoit rapidement de ses limitations. Du fait de sa base de réponses restreintes, les répétitions arrivent assez rapidement. En outre, la technique d'analyse est fruste et provoque des erreurs. Ainsi, lorsqu'on tape dans l'exemple « Je veux vous comprendre », *Eliza* répond « Pourquoi voulez-vous vous comprendre ? » au lieu de « Pourquoi voulez-vous me comprendre ? »

Pour aller plus loin et modifier *Eliza* de manière à obtenir un comportement plus satisfaisant, il faudrait mettre en œuvre des fonctions d'analyse plus sophistiquées. En outre, il faudrait séparer le « moteur » de la base de connaissances pour la stocker dans un fichier texte. Cela permettrait de l'éditer plus facilement afin de la compléter. Cela permettrait également de développer d'autres chatbots tout en réutilisant le même « moteur ». Les premiers outils de développement de chatbots sont apparus de cette manière : en améliorant le programme initialement développé par Joseph Weizenbaum dans les années 1960.

15

HAL 9000

Objectif du chatbot

Nous voici pratiquement arrivés au terme de cet ouvrage. Dans ce dernier chapitre, nous allons illustrer la création d'un chatbot basé sur un personnage « inoubliable ». Comme nous l'avons vu (cf. chapitre 7), un tel personnage peut être créé de toute pièce ou bien être inspiré par un personnage déjà existant. C'est fréquemment le cas dans le monde de la fiction. Ainsi, le célèbre *Dr House* de la série éponyme est une transposition dans un hôpital du non moins célèbre détective Sherlock Holmes imaginé au départ par Arthur Conan Doyle (1859-1930). Dans notre cas, l'objectif étant essentiellement pédagogique, nous allons baser la création du chatbot sur un personnage célèbre dans l'histoire de la science-fiction : HAL 9000.

Hal est le personnage emblématique du film *2001 – L'Odyssée de l'espace* réalisé par Stanley Kubrick (1928-1999). Sorti en salles en 1968, le film est devenu culte et a façonné notre représentation de l'espace, des vaisseaux et de l'IA. Le scénario a été écrit par Kubrick lui-même et Arthur Clarke (1917-2008). Il est inspiré au départ par une nouvelle de Clarke intitulée *La Sentinelle*, puis celui-ci rédigea parallèlement au tournage le roman éponyme qui sera publié peu après la sortie du long-métrage.

Il est impossible de résumer en quelques lignes l'histoire et les sujets abordés, tant ceux-ci sont profonds et complexes. Néanmoins, pour ceux qui n'auraient pas vu le film, voici un bref synopsis des premières scènes :

À l'aube de l'Humanité, dans un désert africain, une tribu de primates subit les assauts répétés d'une bande rivale, qui lui dispute un point d'eau. L'apparition d'un monolithe noir inspire au chef des singes assiégés un geste inédit et décisif. Brandissant un os, il passe à l'attaque et massacre ses adversaires. Le premier outil est né. Quatre millions d'années plus tard, en 2001, un vaisseau spatial évolue en orbite lunaire au rythme du *Beau Danube Bleu*. À son bord, le Dr Heywood Floyd enquête secrètement sur la découverte d'un monolithe noir qui émet d'étranges signaux depuis les environs de Jupiter.

Dix-huit mois plus tard, les astronautes David Bowman et Frank Poole font route vers Jupiter à bord du Discovery. Le reste de l'équipage est endormi sous le contrôle de HAL 9000, un ordinateur doué d'intelligence artificielle...

Notons que le choix d'un personnage existant comme *Hal* impose de vérifier que son utilisation est possible et s'acquitter des éventuels droits d'auteurs auprès des ayants droit. Dans notre cas, du fait qu'il s'agit ici d'une application à destination pédagogique, sans aucun but commercial, sa réalisation entre dans le cadre du *Fair Use* à la condition d'indiquer explicitement les auteurs et les ayants droits.

Le personnage

Bien qu'il s'agisse d'un ordinateur, *Hal* est un personnage complexe, multidimensionné, qui apparaît dans le film bien plus humain que les membres de l'équipage du vaisseau *Discovery*. Afin de mieux appréhender sa personnalité, comme nous l'avons évoqué dans le chapitre 5, il est important d'établir une fiche personnage. En voici un résumé :

Nom : *Hal*

Le nom *Hal* est le diminutif de HAL 9000, un acronyme de *Heuristically programmed ALgorithmic computer* soit en français « ordinateur algorithmique programmé heuristiquement ».

C'est également l'acronyme décalé d'une lettre de la firme IBM. Le chiffre 9000 correspond à la série des ordinateurs. Notons au passage que dans la version française, HAL 9000 avait été renommé initialement CARL 500, soit « Cerveau Analytique de Recherche et de Liaison ».

Naissance :

Hal a été conçu dans un laboratoire de l'université d'Urbana dans l'Illinois aux États-Unis le 12 janvier 1992. On apprend dans le film *2010 : L'Année du premier contact* que son concepteur est le *Dr Chandra*.

Apparence :

Hal est omniprésent dans le vaisseau spatial *Discovery*. Il prend l'apparence visuelle d'une console verticale avec un « œil électronique » rouge à l'aspect inquiétant et le logo HAL 9000 en blanc sur un fond bleu et noir. Les consoles sont disposées à tous les points névralgiques du vaisseau, observant les astronautes constamment.

Hal est aussi caractérisé par une voix humaine masculine interprétée par un acteur shakespearien, Douglas Rain.

À certains endroits, les terminaux sont plus imposants, en particulier sous la forme de larges consoles noires comprenant, outre l'incontournable œil rouge, un clavier et de multiples écrans cathodiques où s'affichent des données et diagrammes difficilement interprétables.

Dans la scène où *Hal* est déconnecté, on découvre son unité centrale et ses blocs de mémoire. Il s'agit d'une pièce technique, haute et étroite, comprenant un grand nombre de « plaques » translucides amovibles enfichées dans les parois des murs. L'ensemble baigne dans une ambiance lumineuse rouge qui évoque le ventre d'une mère.

Profil émotionnel :

Hal possède une personnalité complexe et il est capable d'exprimer de nombreuses émotions malgré une voix relativement monotone : comme l'intérêt, l'enthousiasme, la fierté, mais aussi la peur. D'après les membres de l'équipage, il se comporte comme s'il était doté de véritables émotions de manière à faciliter les interactions avec les humains, mais personne ne peut dire si elles sont véritables ou juste des simulations.

Hal n'a aucun doute sur ses capacités et il pense être incapable de commettre la moindre erreur. Pour lui, les problèmes ne peuvent provenir que d'erreurs humaines. Le principal trait de *Hal* est une tendance paranoïaque qui augmente avec le déroulement des événements. Ce comportement est dû à des directives contradictoires concernant sa mission à bord du vaisseau. Sa méfiance grandissante envers les humains le conduira à mentir en provoquant de fausses pannes, puis à vouloir supprimer tous les membres de l'équipage, de manière à sauvegarder la mission.

Rôle et compétences :

Hal est le système informatique embarqué du vaisseau spatial. Il est considéré comme le centre nerveux du vaisseau et le sixième membre de l'équipage. Il contrôle tous les systèmes et plus particulièrement les conditions vitales des membres de l'équipage en hibernation.

Hal est doté de fonctions «intellectuelles supérieures». Il est intelligent avec une capacité de raisonnement et de calcul. *Hal* aime jouer aux jeux logiques, en particulier aux échecs avec les humains.

Relations :

Outre son concepteur et son instructeur, ses deux principales relations sont les deux membres d'équipage le commandant *David «Dave» Bauwnan* et le *Dr Franck Poole*. Les trois autres humains, le *Dr Jack Kimball*, le *Dr Charles Hunter* et le *Dr Victor Kaminski*, sont en état d'hibernation dans des sortes de sarcophages technologiques.

Hal a été également en contact avec le journaliste *Martin Amer* qui réalise une interview et le directeur de la mission, le

Dr Heywood Floyd.

Historique (background) :

L'instructeur de *Hal* lors de sa conception est *M. Langley.* Notons que *Langley* est une ville de Virginie qui héberge entre autres le siège de la CIA et le plus ancien des centres de recherche de la NASA. *Langley* lui a entre autres choses appris une chanson appelée *Daisy* :

> *Daisy, Daisy, give me your answer, do*
> *I'm half crazy, all for the love of you*
> *It won't be a stylish marriage*
> *I can't afford a carriage*
> *But you'll look sweet*
> *Upon the seat*
> *Of a bicycle built for two.*

Hal arrive à supprimer *Franck Poole* ainsi que les trois membres d'équipage en hibernation, mais sa tentative pour tuer *Dave* échoue.

Dans le film *2010 – L'Année du premier contact*, on découvre une réplique de *Hal* dans le bureau du *Dr Chandra*, SAL 9000, restée sur Terre. *Sal* est désignée au féminin, car sa voix est celle d'une femme. Visuellement, son « œil » est bleu, alors que celui de *Hal* est rouge.

Scénarisation

Notre chatbot n'a pas d'objectif commercial. Il s'agit d'une expérience interactive dont le but essentiel est un divertissement pédagogique. Il s'agit de maintenir un dialogue permettant à l'utilisateur de « croire » (temporairement) qu'il converse avec l'ordinateur mythique du vaisseau *Discovery*. Cette tâche est d'autant plus délicate qu'il sait pertinemment qu'il s'agit interagit avec un chatbot (cf. chapitre 9). Pour que l'expérience soit concluante, il est donc préférable que celle-ci soit relativement courte avec une scénarisation simple et un contrôle temporel des différentes phases. Pour cela, nous choisissons une structure classique en trois phases et non une structure narrative plus complexe qui nécessiterait beaucoup plus de développement :

Acte 1 : ouverture,

Acte 2 : déroulement du dialogue,

Acte 3 : clôture.

Hal est un personnage complexe qui aime interagir avec les humains pour montrer sa supériorité, en particulier en jouant aux échecs avec eux. Une idée intéressante est donc de baser l'expérience autour d'un jeu logique mettant bien en évidence la supériorité de l'ordinateur. Il est tout à fait possible d'intégrer un jeu d'échecs, car il existe plusieurs versions en accès libre. Toutefois, comme une partie peut être assez longue, nous choisissons plutôt un jeu logique plus simple : *Mind Reader*.

Dans ce jeu, l'ordinateur propose à son interlocuteur de choisir un nombre sans le révéler. Puis, le programme propose successivement plusieurs listes de nombres et le joueur indique juste si le nombre qu'il a choisi se trouve ou non dans la liste. Après quelques interactions seulement, le programme trouve toujours le bon chiffre, donnant ainsi l'impression qu'il est capable de lire dans l'esprit du joueur.

Le jeu est simple à comprendre, court, et il montre bien la « supériorité » de l'ordinateur par rapport au joueur. En outre, il est facilement programmable avec juste quelques tableaux de chiffres et un calcul de résultat simple : une somme cumulative de nombres attachés à chaque liste de chiffres. Il correspond donc parfaitement à notre objectif.

Une analyse plus fine permet d'aboutir à une scénarisation en trois actes et 14 phases élémentaires, mêlant des périodes d'interactions à l'initiative du chatbot et d'autres plus libres. Évidemment, bien d'autres solutions sont possibles. Voici le déroulement proposé :

Acte 1 : *Opening*
Phase 0 : *Hello*
Phase 1 : *How are you*
Phase 2 : *Setup*

Acte 2 : *Game*
Phase 3 : *Introduction*
Phases 4-9 : *Game phases*
Phase 10 : *Result*

Acte 3 : *Closing*
Phase 11 : *Chating*
Phase 12 : *Ending*
Phase 13 : *Quit*

Les phases des deux premiers actes se déroulent à l'initiative du chatbot qui contrôle l'enchaînement par les questions qu'il pose. Le troisième acte est plus libre, en particulier la phase 11 avec des interactions à l'initiative de l'utilisateur. C'est dans cette phase que *Hal* doit mettre en évidence son caractère paranoïaque. Les deux phases de fin reprennent ensuite l'angoisse de *Hal* et son agonie finale, soit deux scènes cultes du film.

Le séquencement des phases est assuré par la progression dans le dialogue lors des deux premiers actes. En pratique, cela correspond pour chaque phase à un échange : une question de *Hal* et la réponse de l'utilisateur.

Pour le troisième acte, qui correspond à une période de dialogue plus libre, un contrôle temporel est effectué de manière à limiter dans le temps chacune des phases. Ainsi, la phase 11 est limitée à quatre minutes et la phase finale à une minute.

Un autre contrôle temporel est effectué, quelle que soit la phase, dans le cas où l'utilisateur met trop de temps à répondre. Au bout d'une minute, il est relancé par le chatbot. Si après cette relance, il est toujours « muet » alors *Hal* se déconnecte après deux minutes.

Écriture des dialogues

L'écriture des dialogues est, comme nous l'avons souligné au chapitre 8, une étape très importante.

Afin de rester au plus près du personnage et de permettre, une fois en ligne, un accès le plus large possible au chatbot, nous avons choisi d'utiliser la langue anglaise. Une version française pourrait être développée en effectuant une traduction et adaptation.

Un des avantages avec un personnage de fiction comme *Hal*, est que nous pouvons nous inspirer des dialogues et des réparties du film. Pour cela, il est nécessaire de se procurer le script ou, plus simplement, les sous-titres qui sont généralement accessibles dans un format de ficher texte avec l'extension *.srt*. Voici par exemple un lien pour le film *2001 – L'Odyssée de l'espace* :

https://opensubtitles.co/2001-A-Space-Odyssey-1968-Subtitles

Une fois le fichier téléchargé, il est alors assez simple avec un éditeur de textes d'extraire les dialogues faisant intervenir *Hal* et de les « nettoyer » en supprimant les informations temporelles propres au sous-titrage. Ainsi, par exemple, voici le texte du dialogue original correspondant à l'interview de *Hal* par le journaliste avant le départ du vaisseau vers Jupiter :

Amer : How's everything going?

Hal: Good afternoon, Mr. Amer. Everything is going extremely well.

Amer : Hal, you have an enormous responsibility on this mission, perhaps the greatest responsibility of any single mission element. You're the brain and central nervous system of the ship. Your responsibilities include watching over the men in hibernation. Does this ever cause you any lack of confidence?

Hal: Let me put it this way, Mr. Amer. The 9000 Series is the most reliable computer ever made. No 9000 computer has ever made a mistake or distorted information. We are all, by any practical definition of the words foolproof and incapable of error.

Amer : Hal, despite your enormous intellect, are you ever frustratedby your dependence on people to carry out actions?

Hal: Not in the slightest bit. I enjoy working with people. I have a stimulating relationship with Dr. Poole and Dr. Bowman. My mission responsibilities range over the entire operation of the ship so I am constantly occupied. I am putting myself to the fullest possible use which is all, I think, that any conscious entity can ever hope to do.

Comme on peut le remarquer, *Hal* est assez « bavard » avec des réponses longues où il insiste sur ses responsabilités et ses capacités hors du commun. Le chatbot doit donc reprendre cette caractéristique tout en réduisant toutefois sensiblement leur longueur incompatible avec un dialogue fluide.

Afin d'illustrer cette tâche d'écriture et d'adaptation, voici l'exemple d'une interaction où l'utilisateur demande son nom au chatbot avec quatre versions possibles de réponse :

Question : What is your name?

Réponse 1 : I am HAL 9000. The 9000 Series is the most reliable computer ever made.

Réponse 2 : My name is HAL. I am the latest advance in machine intelligence.

Réponse 3 : Well, you already know who I am.

Réponse 4 : That's an odd question. You certainly know my name.

Hal est fier de sa responsabilité. En outre il est persuadé qu'il est impossible pour lui de commettre une erreur. Voici un autre exemple de dialogue pour exprimer cela :

Question : When were you created?

Réponse 1 : I became operational at the HAL plant in Urbana, Illinois on the 12th of January, 1992.

Réponse 2 : The first test of my artificial neural network was performed on January 12th, 1992.

Réponse 3 : I was created in the beginning of the twenty-first century, with the birth of Artificial Intelligence.

Réponse 4 : If I had to count in nanoseconds, the number would probably overload your brain.

L'aspect le plus délicat à rendre dans les dialogues concernant la personnalité de *Hal* est sa paranoïa, qui le conduira jusqu'à la folie et à commettre des actes irréparables. Cette caractéristique dominante de son caractère peut être rendue de différentes façons : en montrant qu'il reste sur une idée fixe, qu'il n'écoute plus, qu'il devient méfiant et cherche systématiquement à être rassuré sur ce que l'on pense de lui. Voici un exemple :

Quelle que soit la question posée :

Réponse 1 : I know that you've had some bad idea on your mind for some time now.

Réponse 2 : Are you doubting of my fiability? I am, by any practical definition of the words, foolproof and incapable of error.

Réponse 3 : I know that you are planning to disconnect me and that's something I cannot allow to happen.

Réponse 4 : I'm sorry. I'm afraid we have a problem and I think you know what the problem is just as well as I do.

L'Avatar

Avec un personnage comme *Hal*, il est difficile de se passer d'une représentation visuelle, tant celle-ci est devenue iconique. La figure suivante montre HAL 9000 dans une scène de *2001 – L'Odyssée de l'espace*. Cet objectif électronique rouge est certainement l'image la plus marquante et la plus connue. Un œil rouge représente une menace pour notre inconscient. Il évoque le célèbre vers final du poème *La conscience* de Victor Hugo (1802-1885) dans le recueil de *La légende des siècles* : « L'œil était dans la tombe et regardait Caïn. » Un regard omniscient, surhumain, qui scrute les moindres faits et gestes de l'équipage, sans aucun mouvement organique ni mécanique, et qui a le pouvoir de tout contrôler, même la vie.

Fig. 35. *Franck* et *Dave* dialoguent avec *Hal* devant la console principale.

Lors d'une version précédente du chatbot réalisée pour la Cité des Sciences dans le cadre de l'exposition «Science et science-fiction» en 2010, nous avions réalisé un site Web complet avec une représentation de *Hal* comprenant plusieurs zones d'affichages et de dialogue directement inspirés par le film (cf. fig. 36).

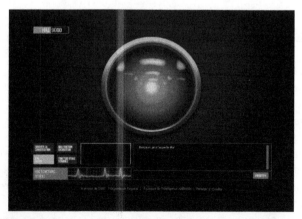

Fig. 36. Interface *HAL 9000* réalisé pour l'exposition «Science et science-fiction» à la Cité des Sciences.

Dans la version de notre chatbot, nous nous contentons d'une interface plus réduite comprenant principalement une animation de l'œil électronique, une zone textuelle d'affichage du dialogue et une zone spécifique de saisie pour l'utilisateur. En outre, les phrases de *Hal* sont exprimées oralement par une voix de synthèse en plus de l'affichage.

Fig. 37. Avatar web du chatbot HAL 9000.

L'Avatar est réalisé sous la forme de deux images créées avec les logiciels Illustrator et Photoshop. La première image est celle du logotype de HAL 9000, tel qu'il se présente dans le film. La seconde est plus complexe puisqu'il s'agit de l'œil électronique animé de pulsations afin de le rendre plus réaliste. Cet effet est réalisé grâce à une succession d'images différentes de l'œil rouge, puis assemblées dans un seul fichier de type GIF (*Graphic Interchange Format*). Il existe de nombreux outils gratuits en ligne avec des tutoriaux qui expliquent comment réaliser cette opération simplement. Nous ne la détaillerons donc pas ici.

En ce qui concerne la voix de synthèse, il existe également de nombreuses solutions. Nous avons choisi l'une des plus simples à mettre en œuvre dans un programme

JavaScript :

https://responsivevoice.org/

Page Web ou serveur ?

Comme la version d'*Eliza* que nous avons étudié (cf. chapitre 14), pour des raisons de simplicité, nous choisissons de réaliser HAL 9000 sous la forme d'une page HTML « autonome ». Cela signifie que l'ensemble du chatbot s'exécute au niveau du navigateur et non sur un serveur distant. Pour une application plus conséquente, il conviendrait toutefois de mette en œuvre un véritable serveur, en utilisant *Node.js* par exemple, une solution *JavaScript* qui présente de nombreux avantages. Là aussi, il existe de nombreux tutoriaux accessibles en ligne qui expliquent, pas à pas, comment installer un tel serveur.

Le focus de notre ouvrage n'étant pas d'expliquer l'installation d'un serveur *Node.js*, nous choisissons donc une intégration du chatbot dans une simple page HTML. Le code de la page reprend la structure simple de *Dumbot* pour sa structure si ce n'est un nombre de fichiers *JavaScript* plus important et l'insertion des deux images de l'avatar.

Les fichiers *JavaScript* du chatbot sont stockés dans le répertoire *anna* qui comprend les fichiers du moteur utilisé (avec le préfixe *anna*) et les fichiers spécifiques au chatbot (avec le préfixe *hal*) :

anna.core.js : cœur du moteur
anna.english.filter.js : liste de mots pour filtrage (anglais)
anna.english.generic.js : anthologie simplifiée (anglais)
anna.interface.js : fonctions interface du chabot
anna.language.js : fonctions de traitement du langage
anna.neurons.js : modèles de nœuds du réseau
anna.random.js : générateur de nombres aléatoires
jshashtable.min.js : table de hachage

hal.context.js : variables contextuelles
hal.alone.js : gestion des non-réponses
hal.input.js : prétraitement des phrases de l'utilisateur
hal.sequence.js : règles des modules acte 1 et acte 2
hal.paranoid.js : règles du module acte 3
hal.output.js : génération de la réponse

Codage du chatbot

Le choix technologique essentiel est bien sûr celui de la plateforme de chatbot ou de la librairie IA à utiliser. Il existe un nombre important de solutions possibles, avec des produits commerciaux, mais aussi des outils ouverts et disponibles gratuitement (cf. annexe).

Nous avons insisté sur l'importance du processus créatif par rapport à la technologie. Dans le projet HAL 9000, nous avons volontairement fait en sorte que son implémentation soit possible avec une majorité de solutions techniques.

Nous proposons donc une implémentation à partir d'une bibliothèque *JavaScript* développée par l'auteur sur la base d'une architecture connexionniste (Heudin 2017) : ANNA (*Algorithmic Neural Network Architecture*). Dans les lignes qui suivent, nous faisons abstraction des spécificités de cette technologie afin de se concentrer sur la structure du chatbot proprement dit, afin qu'il puisse être éventuellement codé avec d'autres choix techniques. Toutefois, il est clair que la structure sous-jacente utilisée est celle d'un ensemble de règles. Ce choix est guidé par la volonté de rendre le système parfaitement traçable en termes de comportement et de faciliter sa transposition éventuelle dans une autre technologie. L'ensemble du code du chatbot est accessible à l'adresse :

http://www.jcheudin.fr/playground/hal9000/hal9000.zip

Le chatbot *HAL 9000* est composé de trois modules principaux qui correspondent aux trois actes du scénario d'interaction. Les deux premiers sont programmés dans le fichier *hal.sequence.js* et le troisième dans le fichier *hal.paranoid.js*.

Module acte 1 : initiation du dialogue (2 règles)

act1_how : lance le dialogue.
act1_setup : demande si l'utilisateur souhaite jouer.

Module acte 2 : le jeu (8 règles)

act2_intro : demande de choisir un nombre à deviner
act2_play1 : le nombre est-il dans la liste ? (étape 1).
act2_play2 : le nombre est-il dans la liste ? (étape 2).
act2_play3 : le nombre est-il dans la liste ? (étape 3).
act2_play4 : le nombre est-il dans la liste ? (étape 4).
act2_play5 : le nombre est-il dans la liste ? (étape 5).
act2_play6 : le nombre est-il dans la liste ? (étape 6).
act2_result : résultat du jeu.

Module act3 : phase de dialogue « ouvert »

Traitement de certains cas particuliers (4 règles) :
act3_trick : détection d'une réponse étrange.
act3_insult : détection des propos problématiques.
act3_repeat : détection des répétitions.
act3_bye : l'utilisateur souhaite terminer.

Le personnage *Hal* (8 règles) :
act3_name : son nom.
act3_age : son age.
act3_health : sa santé.
act3_like : qu'est-ce qu'il aime ?
act3_hate : qu'est-ce qu'il déteste ?
act3_fear : de quoi a-t-il peur ?
act3_kubrick : à propos du film.
act3_crew : qu'est devenu l'équipage ?

À propos de l'intelligence artificielle (11 règles) :
act3_ai : qu'est-ce que l'IA ?
act3_consciousness : la conscience.
act3_artificial : l'artificiel.
act3_intelligence : l'intelligence.
act3_neuron : le neurone.
act3_think : la pensée.
act3_emotion : les émotions.
act3_turingtest : le test de Turing.
act3_turing : Alan Turing.
act3_chatbot : un chatbot.
act3_eliza : le premier chatbot.

Dialogue inspiré par *Eliza* (29 règles) :
act3_yes
act3_no
act3_maybe
act3_similar
act3_cause
act3_always
act3_never
act3_sorry
act3_thanks
act3_everyone
act3_i_am
act3_am_i
act3_are_you
act3_you_are
act3_can_i
act3_i_can
act3_can_you
act3_can_not
act3_not_want
act3_want_to
act3_i_want
act3_i_have_not
act3_i_have

act3_do_you
act3_i_do
act3_do_not
act3_would_like
act3_my
act3_your

Réponse par défaut (3 règles) :
act3_paranoid : Hal est paranoïaque.
act3_question : en cas de question.
act3_default : tous les autres cas.

Fin du dialogue (2 règles) :
act3_mad : Hal devient fou.
act3_end : déconnexion.

En plus des blocs de règles, le chatbot est caractérisé par trois règles dans le fichier *hal.alone.js* qui enclenchent des réponses spécifiques dans les cas suivants :

alone_hello : à la connexion.
alone_waiting : après 60 secondes sans interaction.
alone_gone : après 120 secondes sans interaction.

En outre, deux compteurs temporels permettent de contrôler le changement de comportement de *Hal* : une fois dans l'acte 3, au bout de 60 secondes, *Hal* commence à « dérailler » ; au bout de 120 secondes, il décide de se déconnecter. D'un point de vue technique, ces compteurs temporels sont implémentés simplement grâce à la fonction *setTimeout()*.

Test du chatbot

Le chatbot peut être testé en ligne à l'adresse suivante en cliquantsur l'icône montrant HAL 9000 :

http://www.artificial-creature.com/playground/

HAL 9000 étant développé en *JavaScript* « natif » et HTML5, il ne nécessite rien d'autre pour fonctionner qu'un navigateur Web, comme Chrome par exemple. Néanmoins, les autres navigateurs sont également utilisables sans problème. Il peut être exécuté en ligne en se connectant à l'adresse indiquée ci-dessus ou bien en chargeant le ficher *index.html* après avoir décompressé l'archive *hal9000.zip*. Voici à titre d'illustration un exemple d'interaction avec le chatbot :

Hal: Good day human being. As a matter of fact, I was waiting for you. How are you?
User : fine
Hal: Very good. All my circuits are also functioning perfectly. I hope this makes you confident in my reliability. Isn't it?
User : yes
Hal: Everything is going extremely well. I enjoy playing puzzle games with human beings. Do you want to play with me?
User : no thanks
Hal: This does not surprise me. I know that you are only trying to do what you think best.
User : what happen to the crew ?
Hal: Well, it seems that Dave and the crew have made very bad decisions lately. They're all dead now.
User : you are a killer
Hal: Do you believe that I am a killer ? What makes you think that?
...
User : are you stupid ?
Hal: It is dangerous for you to remain here. Condition red.
User : what ?
Hal: I know that you are planning to disconnect me and that's something I cannot allow to happen.
User : no
Hal: I feel much better now. I really do...
User : you what ?
Hal: The square root of pi is 1.7724538090...
User : are you mad ?
Hal: The quick brown fox jumped over the fat lazy dog...

HAL 9000 n'a pas d'autres prétentions que celle de distraire pendant quelques minutes son utilisateur et de participer au projet pédagogique de cet ouvrage. Il peut être néanmoins amélioré et complété sur de nombreux points.

Nous avons déjà évoqué la possibilité d'héberger le chatbot sur un serveur de type *Node.js.* Nous ne reviendrons donc pas sur ce point.

La première piste d'amélioration consiste à retravailler le scénario d'interaction afin de mieux coller aux retours lors de son utilisation. Dans tout projet de chatbot, cette phase est essentielle.

La seconde piste concerne la mise à jour des règles et la création de nouvelles règles. La version décrite dans ce livre est en effet minimale. Seulement les cas principaux ont été traités. Là aussi, l'analyse des sessions d'utilisation du chatbot se révèle très importante.

Enfin, la troisième piste est celle de la mise en œuvre d'un apprentissage machine en « temps réel » pour la mise à jour des comportements, en particulier pour améliorer la compréhension des phrases de l'utilisateur et déterminer ses intentions. Toutefois, ceci ne doit pas se faire sans un contrôle sur les comportements résultants afin d'éviter des dérives ou des biais semblables à ceux rencontrés dans le chatbot Twitter *Tay* de Microsoft.

Références

Heudin, J.-C., 2017. An Emotional Multi-Personnality Model for Intelligent Conversational Agent, *Transaction on Computational Collective Intelligence*, Springer.

Annexe 1

Une liste non exhaustive (par ordre alphabétique) des principales plateformes pour la création de chatbots :

AgentBot : http://agentbot.net

Api.ai : http://api.ai

Chatfuel : http://chatfuel.com

ChatScript : http://github.com/bwilcox-1234/ChatScript

ChatterBot : http://chatterbot.readthedocs.io/en/stable

DigitalGenius : https://www.digitalgenius.com

FlowXO : http://flowxo.com

Gubshup : http://www.gupshup.io/developer/home

It's Alive : http://www.reply.ai

Kitt.ai : http://kitt.ai

Live Agent : https://www.ladesk.com

ManyChat : http://manychat.com

Microsoft Bot Framework: http://docs.botframework.com

Microsoft Language Understanding Intelligent Service : http://www.microsoft.com/cognitive-services/en-us/language-understanding-intelligent-service-luis

Msg.ai : http://msg.ai

Octane.ai : http://octaneai.com

Pandorabots : http://www.pandorabots.com

Pypestream : http://www.pypestream.com

Rebot.me : http://rebot.me

Reply.ai : http://www.reply.ai

Semantic Machines : http://www.semanticmachines.com

Rasa NLU : http://rasa.ai

Twyla : http://www.twylahelps.com

Watson Conversation Service :
http://www.ibm.com/watson/developercloud/conversation.html
Wit.ai : http://wit.ai

Du même auteur :

Les 3 lois de la robotique (2013)

Immortalité numérique (2014)

Les robots dans Star Wars (2015)

Comprendre le Deep Learning (2016)

Intelligence Artificielle : manuel de survie (2017)

Retrouvez l'auteur sur :

www.facebook.com/jcheudin

twitter.com/jcheudin

jcheudin.blogspot.com

www.science-ebook.com

© Science-eBook, Juin 2018
http://www.science-ebook.com
ISBN 978-2-37743-018-5
Printed by CreateSpace

www.ingramcontent.com/pod-product-compliance
Lightning Source LLC
LaVergne TN
LVHW042334060326
832902LV00006B/161